LO QUE LA GENTE LISTA SABE DE:

EL EMPODERAMIENTO
EMPRENDEDOR

DE LOS CREADORES DEL MODELO:

EMPRENDEDOR
SNAP
CERTIFICADO

SNAP®:
La Metodología que ha FORMADO
Emprendedores Imparables

A. Godínez / G. Hernández

Empoderamiento Emprendedor

OTROS LIBROS DE LOS AUTORES

Estos libros pueden ser adquiridos mediante la página www.amazon.com, www.lulu.com o bien mediante Ignius Media directamente llamando al +52 (477) 773-0005 o escribiendo a info@ignius.com.mx.

El Prodigio

- Integra la Competitividad como herramienta clave en todas las áreas de tu vida.
- Ignius Media Innovation, 2008

Despertar

- Libera el potencial infinito que hay dentro de ti.
- Ignius Media Innovation, 2009

Vitaminas para el Éxito

- ¡Consigue lo que deseas!
- Ignius Media Innovation, 2010

Despertares en Armonía

- Relatos que enriquecen e inspiran el corazón, realizados por Mujeres que comparten su Despertar a la Armonía.
- Ignius Media Innovation, 2010

Despertares en Armonía II

- Nuevos relatos que enriquecen e inspiran el corazón.
- Ignius Media Innovation, 2013

El Gran Libro de los Procesos Esbeltos

- Los principios actuales de LEAN MANUFACTURING en industrias, negocios y Oficinas, ¡Aplicados sin Igual!
- Ignius Media Innovation, 2014

El Gran Libro de las Mejores Preguntas para Vender – Versión ORO-

- Los secretos de la herramienta más poderosa que puede DUPLICAR TUS VENTAS: Vende Preguntando®
- Ignius Media Innovation, 2014

El Gran Libro de las Mejores Preguntas para Vender – Versión PLATINO-

- ¡MÁS! de los secretos de la herramienta más poderosa que puede DUPLICAR TUS VENTAS: Vende Preguntando®
- Ignius Media Innovation, 2014

Lo que la Gente Lista sabe del Aprendizaje

- El aprendizaje es la llave que te permitirá abrir cualquier puerta en tu vida
- Ignius Media Innovation, 2014

Planeación Estratégica TOTAL

- Descubre lo que tienes que saber para ser EXITOSO EN LOS NEGOCIOS.
- Ignius Media Innovation, 2014

El Emprendedor SIN LÍMITES

- SNAP®: La Metodología que ha formado EMPRENDEDORES INNOVADORES
- Ignius Media Innovation, 2015

Sé tu Jefe en 6 MESES

- SNAP®: La Metodología que ha guiado a los EMPRENDEDORES TRIUNFADORES.
- Ignius Media Innovation, 2015

Recursos Humanos HUMANOS

- El proceso ACTUAL para tener Personal Feliz y Organizaciones Prósperas con un Enfoque 100% Humano.
- Ignius Media Innovation, 2015

Abundancia Ilimitada

- El proceso ACTUAL para tener Personal Feliz y Organizaciones Prósperas con un Enfoque 100% Humano.
- Ignius Media Innovation, 2015

Liderazgo DEFINITIVO

- Cómo los mejores líderes aumentan su éxito en la vida y en los negocios.
- Ignius Media Innovation, 2016

SÉ FELIZ SIEMPRE

- Crea el futuro que tú deseas aún cuando pienses que no puedes.
- Ignius Media Innovation, 2016

Productividad Millonaria

- El camino único que garantiza que logres mucho más en menos tiempo.
- Ignius Media Innovation, 2016

Estrategia Disruptiva

- Desata el Poder de la Estrategia al MÁXIMO NIVEL.
- Ignius Media Innovation, 2017

Poder Kaizen

- El método preferido de MEJORA CONTINUA para maximizar los resultados de toda organización.
- Ignius Media Innovation, 2017

EMPODERAMIENTO
EMPRENDEDOR

D.R. © 2015, Ana María Godínez González y Gustavo Hernández Moreno www.ignius.com.mx

Publicado por: © 2015, Ignius Media Innovation, León, Guanajuato, México
+52 (477) 773—0005
www.igniusmedia.com

Diseño de Cubierta:	Pablo Vázquez
Diseño de Interiores:	Gustavo Hernández Moreno
Corrección de Estilo:	Ana María Godínez González
Edición:	Carlos Alonso Pérez Fernández
Fotografía de Portada:	Gustavo Hernández Moreno
Primera Edición:	Octubre, 2015
ISBN:	978-607-97673-1-0
Registro de Autor:	03-2016-012909560000-01

de representante de ventas o distribución. Las recomendaciones y estrategias contenidas en el presente, pueden no ser ajustadas a tu situación en particular.

ANA MARIA GODÍNEZ

Psicóloga, Empresaria, Escritora, Conferencista, Máster en Dirección Estratégica y Gestión de la Innovación; Experta en Grupos Operativos, Herramientas Avanzadas de Educación y Entrenamiento Dinámico, Liderazgo Transformacional y Ventas; especializada en procesos Industriales y Métodos de Negociación y Solución de Conflictos, cuenta con más de 16 años de experiencia práctica profesional.

Su formación y crecimiento interpersonal la han llevado a desarrollar innovadoras perspectivas en soluciones únicas de Productividad, Liderazgo, Ventas, Estrategia, Marketing, Éxito y Desarrollo Personal, creando un gran poder de transformación y acción, generando enormes beneficios, ventas y utilidades en las empresas y organizaciones asesoradas.

Desde muy temprana edad demostró sus habilidades en los negocios y relaciones humanas, creando emprendimientos de alta calidad, pero sobre todo, siempre orientados a resultados con una amplia perspectiva de futuro. En lo académico se destacó por ser invitada por profesores a compartir sus habilidades en Aprendizaje Acelerado.

Sus habilidades de Comunicación la han llevado a ser ampliamente reconocida por sus "video—entrenamientos" que, mes a mes, llegan a miles de personas en toda América.

GUSTAVO HERNÁNDEZ

Empresario, consultor y constante conferencista internacional, Ingeniero Industrial, Máster en Dirección Estratégica y Gestión de la Innovación es, también, Experto en Desarrollo Tecnológico, Diseño de Software, Métodos de Solución de Problemas y Creador de Trabajo Eficiente; así mismo Inventor, Fotógrafo, Productor, Editor y Escritor.

Se desempeñó exitosamente como Director General de una reconocida compañía proveedora internacional de la Industria Automotriz, cuyas ventas anuales superaron los $100 millones de dólares entregando sus productos a diferentes y más destacadas marcas continentales como BMW, Toyota y GM entre muchas otras.

A sus logros se suman la creación de diversas empresas de Innovación y Desarrollo de Tecnología aplicada a productos, procesos y servicios, cuyas patentes llegaron a protegerse y comercializarse internacionalmente por sumas mayores a los $20 millones de dólares.

Es un individuo ejemplar, creativo e incansable que está en una continua búsqueda y desarrollo de soluciones que ayuden a cientos de miles de personas y organizaciones a tener mejores resultados y aumentar su nivel de prosperidad, eficiencia y felicidad.

AGRADECIMIENTO

Por este medio queremos agradecer todas y cada una de las experiencias que hemos vivido y que nos han permitido el día de hoy compartirte de manera honesta y directa el camino que hemos seguido para hacer realidad nuestros proyectos emprendedores.

Gracias a todos nuestros clientes que nos han permitido crecer y llevar al éxito nuestras empresas y a todos los colaboradores que permiten están expansión y crecimiento.

Ana María y Gustavo

DEDICATORIA

Este libro está dedicado a ti, estimado lector y a todas y cada una de las personas que directa o indirectamente impactará en su vida.

Somos personas que hemos seguido a lo largo de más de dos décadas todo el proceso del emprendimiento, hasta hacerlo realidad. De corazón deseamos que está serie de libros de Empoderamiento Emprendedor te motive, te de herramientas y te impulsen a tomar acción para llevar al éxito lo que tienes en mente, o ya comenzaste.

Nuestra mejor intensión es que este conocimiento y herramientas que trasmitimos desde nuestra experiencia, impulse a México y a Latinoamérica a generar una fuente inagotable de emprendedores que se conviertan con el tiempo en empresarios exitosos.

Deseamos que este libro te brinde herramientas importantes para cambiar lo que hoy no esté funcionando en tus emprendimientos y sea un detonar para nunca dudar de tu potencial y de que puedes ser un emprendedor de éxito.

" La ejecución es el mejor aliado para que las cosas sucedan, la postergación es el mejor pretexto para no hacer nada".
Ana María Godínez."

INTRODUCCIÓN

La serie de libros Empoderamiento Emprendedor es parte de una metodología probada que lleva a toda persona que quiere emprender, al éxito. A lo largo de cada uno de los libros iremos preparando al emprendedor para que en cada una de las etapas de este proceso cuente con las herramientas, información necesaria para que su camino sea más sencillo.

En este primer libro prepararemos tu mente para que tenga el contexto correcto y pueda estar preparado con la actitud y pensamiento correcto para lograr que tu emprendimiento no se quede sólo en un proyecto, sino que, queremos detonar en ti la actitud para hacer que las cosas sucedan y te conviertas en un emprendedor sin límites.

Te llevaremos en un recorrido de éxito probado por los pensamientos que debe de tener todo emprendedor que desea ser exitoso y cómo poderlos tener siempre en su día a día, cómo cambiar de una mente pobre o típica a tener una mente millonaria y en porqué es absolutamente necesario que todo emprendedor tenga esta mentalidad, la diferencia que existe en juntarte con "conejos" y que significa para el éxito del negocio y también para el éxito y desarrollo del emprendedor y conocerás ejemplos claros de personas comunes que llegaron a construir literalmente imperios con su emprendimiento.

En el segundo libro El Emprendedor Sin Límites abordaremos la metodología Empoderamiento Emprendedor

SNAP® que te llevará paso a paso por cuatro etapas clave en todo emprendimiento.

Y en el tercer libro Sé tu Jefe en 6 meses compartiremos mes a mes todos los elementos a trabajar y asegurar para llevar a un negocio tu emprendimiento.

Con Cariño

Ana María Godínez

CONTENIDOS

SECCIÓN UNO

Empoderamiento Emprendedor

CAPÍTULO I

El pensamiento del Emprendedor Empoderado

"Si no eres alguien que tome riesgos, deberías largarte de los negocios".

–Ray Kroc, co-fundador de McDonald`s

¡Hola! Mi nombre es Ana María Godínez y me da mucho gusto poder compartir contigo esta parte del pensamiento emprendedor, que es muy importante porque en ocasiones puede haber muchísimo conocimiento e información pero lamentablemente, hay una pobreza en el pensamiento.

Hay mucha gente que tiene dudas, que no cree en ellos mismos, que tienen miedo y esto al final va a frustrar y va a hacer que no lleves al éxito lo que hoy tienes como una idea importante para tu vida. Con esta forma de pensar te liberarás de falsas creencias, de pensamientos que te limitan e impiden que seas tú mismo, que no te dejan fluir.

También habrá veces que tengas que tapar tus oídos, porque hay muchas gente que con sus mismos pensamientos o sus "filtros", te obstaculizan y no permiten que tú te avientes a emprender.

En este capítulo vamos abordar cuatro puntos muy importantes, que son el pensamiento, la preparación, la actitud y las relaciones; que son la base y los pilares para el éxito

Pensamiento Estratégico

Es un pensamiento diferente al que tiene la mayoría de las personas. Al hablar de un pensamiento estratégico, hablamos de que tú estés pensando de una manera diferente, que te ayude y que te impulses a lograr lo que quieres.

¡Recuerda que somos lo que pensamos! Y la diferencia entre una persona exitosa y una no exitosa, sin duda son los pensamientos, porque al final todo pensamiento que tenemos, si lo encausamos, si ponemos el trabajo y la acción continua se va a materializar en algo físico y va a ser real. Así es como las grandes invenciones, las patentes y las innovaciones han surgido; primero como un pensamiento y después con el trabajo diario se materializan.

Pienso en grande

Esto es algo que siempre debes tener en mente, independientemente de la situación en la que hayas nacido, de si eres de una familia que tiene dinero o no. Tú debes de ser siempre una persona que piensa en grande, que no se limita. Yo siempre digo que cuesta lo mismo pensar chiquito que pensar en grande, pero la diferencia está que cuando piensas en grande vas a tener resultados más grandes que cuando piensas en chiquito.

Hay personas que sólo piensan en chiquito y que no quieren "perturbar" su mente pensando en algo grande, en algo diferente, proponiendo cambios. Entonces se limitan y no salen de su zona de confort.

¡SIEMPRE DEBES DE PENSAR EN GRANDE! Y para pensar en grande debes leer información que te motive, que te ayude a ampliar tu contexto, tienes que juntarte con personas diferentes a tu familia y tus amigos con los que normalmente te relacionas, porque esto ayuda a que empieces a pensar de una manera diferente.

Crearé nuevos mercados

Es otro punto importante con nuestro Pensamiento Estratégico. Debes de tener la información para saber que estás creando una innovación, algo que realmente es diferente o que estás mejorando algo de lo ya existente.

No quieras hacer más de lo mismo, ahí no te va a ir tan bien; recuerda que *"La igualdad mata"*. Si sigues haciendo más de lo mismo, vas a cometer más de los mismos errores.

Te invito a que pienses en el tipo de mercado, empieces a conocer a los competidores que están en algo similar a lo que tú quieres crear. Esto con la finalidad de ahorrarte mucho tiempo y también para que saques algo diferente. No tiene que ser la gran innovación o una patente, pero sí que tenga un valor extra, algo que el mercado vaya a valorar.

Lograré que el negocio trabaje para mí y no yo para el negocio

Este es un mito para aquellos emprendedores, que no tienen la visión de seguir creando más negocios, sino que siempre empiezan con un pensamiento limitado y se dicen a ellos mismos: "Bueno, con que yo sea mi propio jefe", "Con que saque para mantener este estilo de vida", "Yo con eso, ya estoy satisfecho".

Aquí es donde te invito a que eleves un poquito más tu pensamiento, y que si te pongas el reto de cómo vas a idear un negocio que pueda trabajar sin ti. Porque si logras esto, que es un paso súper importante, tú vas a poder generar muchas más cosas y también vas a poder disfrutar de tu negocio.

Existen muchos casos de empresarios que no pueden disfrutar su casa, que no pueden salir de vacaciones por mucho tiempo, que no pueden disfrutar por todo lo que se han esforzado a lo largo de su vida; porque el negocio no puede trabajar sin ellos.

Por eso es importante que desde el inicio, pienses en qué sistemas, qué procesos, que cosas diferentes vas a hacer, para asegurar que llegado el momento, tú puedas disfrutar de lo que tanto has trabajado.

Identificaré a quienes lo hacen de la mejor manera y los superaré

Es importante saber quienes hacen de una mejor manera lo que tú estás haciendo o quieres hacer, ¿Quiénes son esos competidores?, pero que te sustentes en información y no nada más supuestos. Algo bien importante es, que tú tengas en tu mente información clara que te diga qué es lo que hoy se esta ofreciendo en el mercado, similar a lo que tú quieres ofrecer; para que de esa manera tú subas el estándar y lo que vayas a producir o lo que vayas a ofrecer como servicio, tenga un plus, tenga algo diferente que le quite mercado a esos competidores.

Soy persona incómoda que desea algo más

Yo lamento la cultura que a veces tenemos en México y en Latinoamérica, que hay muchísima mediocridad, que de repente hay emprendedores que sí quieren hacer algo pero lo terminan haciendo a medias o de manera mediocre. Y la realidad es que nunca van a superar lo que hicieron en un inicio y solamente se van a ir manteniéndose.

Siempre debes de ser una persona inquieta, que siempre esté incómodo, que no vive en una zona de confort; porque la zona de confort es algo de lo más peligroso que puede tener un emprendedor, porque te va a estacionar una vez que ya tuviste cierto prestigio o que ya sientes que tienes ciertas ganancias. Y si tú no estás enfocado en poner un nuevo reto, en sentir ese entusiasmo de estar incómodo, entonces vas a caer en esa zona de confort.

La zona de confort es muy similar a la estabilidad, al estancamiento, y en un negocio no nos podemos permitir que nos estanquemos, siempre tenemos que pensar: "Ahora qué mejoro", "Ahora qué hago diferente", "Ahora cómo le hago para que mi cliente esté más satisfecho y me recomiende". Ese es el punto y nunca lo olvides.

Tengo intensión de ser exitoso

Esto siempre debes tenerlo en tu mente, siempre debes de tener la firma creencia de que quieres ser alguien en la vida. No para sentirte soberbio o ser presumido, no me refiero a eso, sino tú en tu mente tienes que creer que tienes el potencial, que tienes el valor, que tienes el conocimiento, que eres una persona -que al igual que cualquiera que lo decida- puede llegar al éxito.

Esto es algo que debe ser consistente en tu manera de pensar, porque a lo largo de este proceso de emprendimiento, te vas a encontrar con muchos obstáculos que te pueden desanimar o vas a sentir que no es tan fácil como creías. Aquí el punto es que si tú tienes esa firme creencia, de que estás en constante trabajo, de ir haciendo lo que te corresponde para ser exitoso, nada tiene porque fallarte.

Así que siempre ten esa firme creencia, de que tú o cualquier persona, si lo decide y trabaja por ello va a ser exitoso.

Preparación y educación

Muchas veces no sólo con pensar algo, ya vas a ser exitoso. También tenemos que preparar nuestra vida, nuestra formación, para que cada vez te puedas impulsar y hacer mejor las cosas.

Puedo aprender lo que sea necesario

Siempre hay que estar dispuesto a aprender lo que necesitemos, hay que estar dispuesto a pagar el costo. Y por aprender lo que sea necesario, no quiere decir que te vuelvas un experto si no lo quieres, pero si tienes que aprender de la mayor cantidad de cosas que vayan relacionadas a ese sueño, a ese emprendimiento; para que conforme se vayan integrando personas a tu equipo, tú sepas cómo liderarlas.

Alguien de seguro ya lo hizo antes que yo, lo mejoraré o lo inventaré

Esto es algo que te va a impulsar mucho a conocer personas diferentes, a investigar en la red, a leer, inclusive ir a una oficina de patentes o de propiedad intelectual, y tú puedes pensar que tu emprendimiento es algo increíble o algo innovador pero cuando tú haces este paso, antes de meterte a todo el proceso, te puedes dar cuenta que alguien en alguna otra parte del país, del continente o del mundo, ya hizo algo similar y esto te va a recortar muchísimo tiempo en la implementación.

No tengo que ir a la escuela para aprenderlo

Si no tuviste la oportunidad de ir a la escuela, no es motivo de sentirse fracasado o hacer que eso impida que seas exitoso. Un papel no te garantiza el éxito.

Yo tuve muchos compañeros, que eran más inteligentes que yo, que siempre sacaban de dieces y siempre superaban las expectativas, y hoy que veo a esos compañeros realmente no han sido exitosos. No lo han sido no porque no lo hayan querido, sino que en su mente no trabajaron con los pensamientos que hemos venido compartiéndote, y porque también no tuvieron ese valor y ese coraje de desafiarse a ellos mismos para lograr el éxito.

Si hoy tienes la oportunidad de ir a la escuela ¡Qué bueno, aprovéchalo¡ Pero no pienses que la escuela va a garantizar que tú seas exitoso, porque la gran mayoría de "auto-millonarios", es decir, personas que no tenían ni un peso o dólar y generaron su propia fortuna, ellos muchas veces no fueron a la escuela y no tienen un papel.

Entonces si tienes la oportunidad ¡Aprovéchala! Pero si no tienes la oportunidad, no te enganches en que no tienes esa preparación académica, prepárate y si quieres terminar esa carrera adelante.

Actitud

Todo para el éxito tiene que ver con la actitud. La mayor riqueza que puede tener un ser humano es su actitud. Muchas veces podemos creer que es el dinero; pero yo he conocido muchas personas que tienen mucho dinero, pero no tienen la actitud, pero también he conocido muchas personas que no tienen el dinero y que van en camino a lograr una gran riqueza porque tienen la actitud positiva, de creer en ellos y trabajar para que eso suceda.

Sé que puedo fallar

Te quiero preparar, porque todo este camino del emprendimiento requiere de mucha actitud positiva, tú tienes que saber que puedes fallar, que te puedes equivocar.

Simplemente esto que hemos hecho en BIG RIVER, es un ejemplo, que nos tomó más de 7 años de nuestra vida, de inversión, de mucho trabajo, de muchos fracasos, de gente que nos engañó, y hoy te puede decir que es una realidad. Tampoco me culpo de todo ese pasado, sé que falló; pero fueron experiencias que nos permitieron hoy estar aquí y poderte contar esto, y la verdad es que nunca nos dimos por vencidos. Nosotros tuvimos todo el tiempo absolutamente claro que independientemente de que estuviéramos sin dinero o ya no supiéramos qué íbamos a hacer, seguíamos adelante, y esa es la actitud que tú debes de tener: Siempre seguir adelante con tu propósito y buscar las más diversas fórmulas y opciones para encontrar "el camino" que te llevará al triunfo.

Traigo una motivación interna

No esperes a que tu familia te motive, te eche porras y te diga: "¡sí se puede!". Si lo hacen y tu familia es así , qué bien; pero si no es así tú tienes que identificar tu propia motivación. Yo siempre recomiendo, que al inicio de la mañana leas 15 minutos alguna biografía o alguna frase motivacional, para que puedas tener en tu mente información que te sea positiva, que te ayude y empuje a seguir adelante.

Sé que puedo lograr lo que me proponga

No te puedes permitir que tú seas tu propio saboteador o tú enemigo interno. Si tú te propones y te comprometes a algo, no te bajes de ahí, es como si te encarrilaras y de ahí no te vas a salir hasta que suceda. Tienes que de tener una disciplina, una firmeza y un coraje, para seguir avanzando, eso es lo que hace la diferencia de por qué las personas logran éxito.

Tienes que tener muy en claro, que si te comprometes y pones en tu mente el hacer realidad ese emprendimiento, debes de creer que lo vas a lograr, que eres capaz de lograr todo lo que te propongas y que tienes ese capacidad.

Te voy a dar un tip: Si de repente algo se me atora y siento que se me empieza a contagiar esa actitud negativa, siempre me digo: "Si otros han logrado algo similar, y esos otros son personas que tienen dos ojos, que piensan y que tienen un camino recorrido como el mío. Si ellos pudieron, entonces yo también puedo".

Así que te invito a que siempre tengas este tipo de actitud en tu vida, porque este camino de ser emprendedor y llevar al éxito tu idea para que te conviertas en todo un empresario, es todo un proceso.

Relaciones

Las relaciones humanas son una clave para el éxito, no sólo para un emprendimiento sino también para tu vida.

Siempre me junto con personas más listas que yo

No le temas a esa incomodidad de salirte de tu zona de confort, porque te vas a juntar con personas que tienen más dinero que tú o personas más grandes o personas que son de otra carrera o que tienen otra formación, nunca le temas a eso. Siempre se una persona que platica con todo el mundo, que trae tarjetas de presentación y que está siempre abierto para aprender de todo el ser humano con el que se topa en su vida.

Siempre busco lugares donde pueda encontrar personas que me pueden ayudar

Hay muchas cosas que no sabemos y que no las podemos hacer solos, necesitamos de personas. Entonces tú buscas sitios: alguna cámara o asociación empresarial, algún café, algún club, en donde también haya personas exitosas y que en su momento tú puedas entablar una amistad, para que puedas compartir con ellos.

No siempre tengo la razón

Es uno de los obstáculos para ser exitoso y ser un empresario, porque muchas veces hay gente que dice: "Yo siempre tengo la razón", "Él esta equivocado".

Así que si te llegas a encontrar en tu vida con alguien que te diga: ¿Y por qué no le haces de está manera?, mientras tú puedes estar con tu orgullo y decir: "¡Ay, no! Esa persona ni sabe". Pues al hacer eso, te va a llevar mucho más tiempo llegar a emprender o hacer realidad esa idea que traes en mente.

Siempre sé abierto a escuchar a las demás personas, tengan o no tengan la razón. Si están apareciendo en tu vida, debe ser por algo positivo y tienes que aprender.

De seguro puedo aprender algo de las personas con las que me topo

Ten en cuenta que con cualquier persona que te topes en tu vida es por algo, aprovecha el momento de hacerles alguna pregunta, de saber cómo les va en sus negocios o en su emprendimiento.

Esto es bueno, porque toda persona con la que nos topamos nos puede enseñar algo; independientemente de su nivel económico, de su formación, de si es de otra ciudad o país.

Siempre soy muy cálido con todas las personas

Con cálido me refiero a ser amigable, a tener una personalidad que la gente siempre quiera estar cerca de ti. Para lograr esto tienes que ser una persona educada, amigable, cálida. Si no cuidas esto, al final vas a ser una persona que no tiene mucha gente cerca, y si no hacemos esto cuando se te atoren las cosas no vas a tener con quien platicar, a quien pedir un consejo. Entonces siempre asegúrate de sonreír, de saludar, de ser una persona amigable y cálida, para también estar dispuesto a ayudar a otras personas.

Historia de Éxito

King C. Gillette:

Con 40 años, King Gillette era un simple comerciante de tapones para botellas, eso sí, con el sueño de ser recordado por la posteridad.

Le costó lo suyo, porque cuando Gillette pensó en un artilugio para afeitar que tuviera un mango y una cuchilla desechable (tras su mala experiencia a la hora de afilar su antigua cuchilla), **le tomó 6 años en patentarla**. Además, en el primer año de comercialización fue realmente decepcionante: vendió 51 maquinillas y 168 cuchillas desechables. Pero **perseveró** y probando todas las estrategias de marketing habidas y por haber y con una política de precios bajos, vendió más de 90.000 maquinillas el año siguiente y 10 años más tarde, logró los 70 millones de unidades en todo el mundo.

Claves de Empoderamiento Emprendedor

Recuerda que el secreto del éxito, inicia cambiando tu forma de pensar, rompiendo esos paradigmas que nos han hecho creer. No olvides enfocarte en tu *Pensamiento Estratégico* (Pensar en grande y saber que lo puedes lograr), *tu Preparación y*

Educación (Una calificación no te hará exitoso), *tu Actitud* (Motívate y no te rindas), tus *Relaciones* (Recuerda ser amigable con la gente)

Para que empieces cambiando tu forma de pensar e inicies el camino al emprendimiento y al éxito.

CAPÍTULO II

Cualquiera lo puede hacer

"Una persona que nunca haya cometido un error, nunca ha intentado algo nuevo"

—Albert Einstein, físico alemán ganador del premio Nobel

En este capítulo, quiero contagiarte de la idea de que sí puedes lograr lo que tienes en tu mente. Todos los seres humanos que han sobresalido, y nos han proveído de algún invento o de algo útil para la humanidad, son personas como tú y como yo. Es decir, personas que tuvieron un proceso para llevar al éxito la idea que tenían en un inicio, pero también son personas que tienen dos ojos, tienen un cerebro, tienen las mismas funciones que tú y yo; no son seres extraterrestres o de otra dimensión, que sean diferentes a nosotros. Esa es una idea que siempre debes de tener en la mente.

La historia emprendedora de Ana

Te quiero contar mi historia, esta historia tiene más de 24 años y de la que me siento muy contenta de poderla compartir, porque me llevó mucho tiempo llevar al éxito las ideas que tenía. Y eso que siempre he sido una persona muy inquieta y trabajadora, pero había muchas cosas que yo no sabía y todas esas cosas son las que quiero compartirte.

Si nos vamos a mis inicios, todo comenzó cuando yo tenía 16 años, y todo empezó con el emprendimiento de que yo no tenía dinero de pagar mi licenciatura, mis papás no podían apoyarme porque fuimos cinco hermanos; una hermana decidió irse fuera de la ciudad, entonces ahí se fue todo el dinero de la familia para ayudarla a pagar su carrera.

Yo desde los 16 años he trabajado, inicié trabajando como vendedora en una agencia de coches, pero eso no era suficiente, así que yo comencé a buscar la manera de generar un ingreso para ayudarme con mi ropa, para poder estudiar una carrera y también para conocer que era el mundo de las ventas; mi primer emprendimiento formal, fuera de un trabajo, fue comenzar a vender perfumes; una prima de mi novio Gustavo (ahora mi esposo), de repente me sugirió la idea, y yo le contesté que sí quería pero que no sabía cómo (¡Imagíname con 16 años!), ella me dijo que era súper fácil, que no me preocupara por tener dinero al inicio solamente que me preocupara por vender ¡ella me iba a financiar el primer paquete!

Entonces, lo que yo hacía, antes de tomar el camión de mi casa al trabajo, tenía que recorrer unas 20 cuadras caminando. Y caminando iba tocando de casa en casa, para esto tenía que salirme más temprano de casa, y cada vez que me abriera alguien ya fuera la dueña de la casa o la muchacha de servicio o incluso un hombre, yo les vendía mis perfumes. Y este negocio me duró como dos años y medio de mi vida, me hice de clientes que ya me llamaban o buscaban para que les vendiera perfumes.

De esta parte del emprendimiento aprendí que me tenía que quitar la pena, que no pasaba nada si yo hacía un esfuerzo adicional para obtener dinero. Porque además lo necesitaba, hay mucha gente que no necesita el dinero y está bien por ellos; pero en mi caso yo quería superarme y sabía que no podía contar con el apoyo de nadie, y de alguna manera tenía que salir adelante.

En ese momento de mi vida aprendí que la pena de nada servía en mi vida, que nada pasaba si yo tocaba una puerta y me contestaban con un: "¡no estés dando lata!" o si por el contrario si tocaba y alguien me recibía amablemente y luego me compraba un perfume, también ahí aprendí que no en todas las puertas a las que llamará me iban a decir que no. Siempre había alguien que me decía que sí.

Desde ahí fueron las bases con las que pude ir formando una actitud más positiva. De nunca darme por vencida y de salir adelante con perseverancia a cualquier reto que la vida me ponía. Porque había veces que de una ida y vuelta al trabajo, tocaba unas ¡40 o 50 puertas! Y había días que todos me decían que ¡No!, o que no todos me abrían; pero eso no me hacía renunciar o darme por vencida, ya que yo sabía que al día siguiente iba a ser diferente y que al día siguiente alguien me iba abrir esa puerta. Esto no fue fácil, pero es lo que te vengo a decir, siempre persevera.

Cuando empezó a irme bien, quise prepararme más en el área de ventas, quería ser mejor vendedora; yo no tenía sueldo base todo lo que ganaba era a partir de comisiones. Entre mi ingreso de los perfumes y lo que sacaba de la agencia, comencé a ahorrar y me metí a estudiar una licenciatura.

Pero eso de mis estudios es otra historia, porque hasta los 24 años terminé mi licenciatura, porque estudié varias licenciaturas que se quedaron a medias. Esto no me da pena decirlo, porque era lo que Ana tenía que vivir en su momento.

Continuando la historia, inicié con la carrera de comunicación pero no me gustó. Luego me pasé a administración pero mientras estudiaba administración, trabajaba en el banco y seguía vendiendo perfumes; yo me sentía muy contenta, con muy buena autoestima, porque a diferencia de las personas con las que yo me relacionaba nadie buscaba mejorar su vida. Me sentía y me sigo sintiendo muy orgullosa de eso, para mí eso fue un detonador que me permitió creer en mí.

Una vez que esto pasó, ingreso a un banco y trabajé alrededor de 6 años en diferentes instituciones bancarias, aprendí muchísimo, iniciando como cajera, luego caja general, después en contabilidad y hasta de ejecutiva. Esto me permitió aprender a relacionarme con cualquier tipo de persona, a no juzgar a nadie.

Pero después de todo esto, yo seguía de inquieta, ya tenía 23 años y me iba a casar. Entonces, comencé a hacer con mi novio unos cursos en Power Point, similares a esto que tienes en tus manos, estos cursos se los vendíamos a empresas y agencias. En esta parte, me topé con muchos obstáculos, como el uso de la tecnología, en aquel entonces no existía el internet y los cursos los hacíamos en CD's que tardaban horas grabándose. Ahí aprendí que cuando las cosas no están avanzando y si estás teniendo muchos problemas, hay que saber también poner un alto, porque te puedes frustrar demasiado. Fue así cuando decidimos ponerle un alto a este emprendimiento, lo curioso de todo fue que después de algunos años, retomamos ese negocio pero ya con el uso de la tecnología. Si a veces te detienes para repensar las cosas, TRANQUILO NO PASA NADA.

Una vez que yo estaba en ese negocio que se llamaba Medios Interactivos de Comunicación. Tuve que seguir avanzando y como ya tenía una computadora e impresora. Continúe por hacer tarjetas de presentación, invitaciones de bodas, catálogos para empresas; realmente fue un buen negocio, porque yo ya estaba casada, ya no trabajaba en el banco, entonces atendía mi casa, generaba un ingreso extra y seguía con esta parte emprendedora.

El negocio me duró como 4 años, después lo tuve que dejar para empezar a estudiar, pero aprendí nuevas habilidades, como diseñar, aprender a usar nuevos programas, atender clientes importantísimos ya fuera para sus invitaciones de bodas o tarjetas de presentación. Aquí aprendí, que independientemente del negocio en el que yo estuviera, tenía que prepararme y aprendí también de la tecnología.

Cuando tenía 34 años, la vida me da una sorpresa y es que mi esposo se queda sin trabajo, ¡Teníamos que hacer algo juntos!. Fue así cuando nace nuestra primera empresa formal, con una estructura y es *Ignius,* a lo largo de 11 años Ignius me ha permitido seguir generando productos junto con el equipos de trabajo y seguir relacionándome con las personas.

De Ignius, por toda la exposición que tenemos, nace BIG RIVER que es esto que tú estás conociendo, libros, videos y la Fundación Despertar a la Armonía AC, que es una organización no lucrativa que apoya el desarrollo personal y profesional de la mujer actual, a través de talleres, cursos en línea y libros.

Lo que quiero decirte con mi historia, es que han sido muchos años de vida pero yo te aseguro que volvería a vivir lo mismo, porque el día de hoy todos esos aprendizajes, todos esos obstáculos que se presentaron, me permiten decirte que aquello que sueñas si lo trabajas y si no te das por vencida o vencido, **va a suceder ¡Te lo garantizo!.**

Por qué los extranjeros son exitosos en otros países

Otra cosa que aprendí en estos años, fue que yo busqué y conté con personas que me quisieran ayudar; muchas veces no fue mi familia, porque ellos tenían otra idea de lo que era el emprendimiento, ellos querían que estudiaras una carrera, te metieras a trabajar en una organización o un empleo "normal", pero la realidad fue que yo era diferente: desde muy chica yo aprendí a ganar mi dinero y la realidad era que yo quería hacer algo distinto.

Qué quiero decir con esto, a veces entre colegas o compañeros, no nos ayudamos para salir adelante. Y es algo que hay que reconocer de muchos extranjeros cuando llegan a otros países, ellos se ayudan, se juntan y crean sus comunidades o barrios en donde todos se ayudan, ellos están abiertos a tomar oportunidades que las personas de esa ciudad no alcanzan a ver. Es por eso que los grandes negocios han venido de extranjeros que llegaron a ese país. Estados Unidos es un ejemplo de ellos, de cómo ingleses, franceses, rusos, cubanos, mexicanos o cualquier persona que llega es más exitosa allá que en su país.

¿A qué voy con todo esto? Si tú eres una persona que quiere emprender, ¡Asegúrate de ayudar a otros! Porque queremos que más personas emprendan, para hacer de este país un lugar más exitoso.

Historia de Éxito

Sam Walton y su idea de Wal-Mart:

Inició trabajando en la granja de su familia, la cual no les daba el suficiente dinero para vivir. Fue hasta 1945, cuando Sam termina su servicio militar y se muda con su esposa Helen Robson a Iowa y después a Newport. Durante este tiempo Sam comenzó a forjar sus primeras experiencias en el rubro minorista, hasta que finalmente abrió su tienda de artículos.

Inspirado por el éxito de las tiendas de "todo por un dólar", e impulsado por las ganas de ofrecer mejores ofertas y precios a sus clientes, **a los 44 años** Sam inauguró la primera tienda Wal-Mart en 1962 en Rogers, Arkansas.

La piedra angular del éxito de su empresa, fue poner en venta productos al menor precio posible, algo que él era capaz de hacer al echar a un lado los intermediarios y **dirigirse directamente al regateo** con los fabricantes para bajar los costos. La idea de "comprar bajo, pila en alto, y vender barato" se convirtió en un modelo de negocio sostenible en gran medida debido a Walton.

Tuvo que crear alianzas con los proveedores, que permitieron a Wal-Mart ejercer una importante presión sobre los fabricantes para mejorar su productividad y ser cada vez más eficientes. A medida que la influencia de Wal-Mart creció, también lo hizo su poder para casi dictar el precio, volumen, entrega, embalaje, y la calidad de muchos de los productos de sus proveedores. El resultado: Walton volteo la relación proveedor-minorista a su favor.

Claves de Empoderamiento Emprendedor

No dejes que las circunstancias te derriben, siempre da tu mayor esfuerzo y se siempre alguien inquieto, combinando estás cosas saldrás adelante. ¡Recuerda todos los días tocar a las puertas! Nunca sabes cuál y cuándo te abrirán. Busca gente que te apoye y a la que puedas pedir consejo, pero también conviértete en alguien que escuche y que esté dispuesto a ayudar. Queremos un país de mexicanos exitosos, abre los ojos para ver esas oportunidades.

CAPÍTULO III

Mente Millonaria

"¡Arriba haragán! ¡No desperdicies la vida! Ya dormirás bastante en la sepultura"

–Benjamín Franklin, Estadista y científico estadounidense

Ahora en esta tercera parte, quiero abordar lo que hay en tu mente en especial tus creencias, que en un inicio eran pensamientos pero conforme se fueron fortaleciendo y al repetirse tanto, dieron lugar a creencias. A mí este capitulo se me hace fundamental, porque de verdad cambia vidas, pensar como millonario aunque aún no lo seas tiene muchos beneficios. Toda persona, mujer, hombre, de la edad que sea y sin importar su origen, tiene creencias.

Hay creencias que nos potencializan, creencias de éxito, creencias que te llevan a lograr los resultados, pero también hay creencias limitantes y estas creencias son las que te obstaculizan, las que te detienen, las que te hacen sentir "chiquito" y no te permiten avanzar. Realmente lo que hay en nuestra mente es lo que va a determinar el éxito o el fracaso que tengamos en nuestra vida y lo que tengamos como emprendedores.

No importa tu "cuna"

Es muy importante que dejemos atrás el pasado, que no seamos de esas personas que dicen: "Es que yo no puedo porque no nací en una cuna rica", "Es que yo no puedo porque no tuve las mismas oportunidades que tuvo ella o él".

Esta es una creencia positiva que tuve en mi mente ya que siempre tuve en claro que, no importa tu cuna, **no**

importa de donde vengas. Si tú quieres salir adelante y te comprometes, te preparas y trabajas, el universo, Dios, la vida o ti mismo no tienen porqué fallarte.

Pero si tú te quedas enganchado, en que no tuviste dinero, que te sientes menos, que tú no tuviste oportunidades, la realidad es que vas a vivir en la pobreza y en la miseria *mental*. Puedes tener una vida agradable y bien, pero nunca vas a conocer ese éxito y esa felicidad que alcanzan las personas que realmente cambian esas creencias limitantes. Imagina esas creencias limitantes como grilletes que no nos permiten avanzar o movernos de nuestra zona de confort.

Sólo son aprendizajes

Un punto bien importante es no frustrase, cuando las cosas nos salen mal; no permitas que a lo largo de este camino del emprendimiento aparezca la frustración. La frustración es horrible, porque llega hacer que las personas "compren" actitudes mentales negativas, que pateen o pongan alto a su emprendimiento y ya no hagan más por seguir adelante. Te quiero decir que el emprender no es un camino fácil, es un proceso y puede llevarte 10, 15, 20 intentos o muchos más; tranquilo no pasa nada. Pero lo que si pasa es cuando a cada fallo u obstáculo lo titulas *fracaso*, esto se va volviendo un costal que se va llenando, hasta que llega un momento en el que ya no puedes avanzar porque estás lleno de puros pensamientos de fracasos.

Te quiero invitar, que a todo lo que llamas fracaso le llames aprendizaje; y cuando haya un bloqueo, una derrota temporal o algo que te impida seguir avanzando, hagas un alto en tu vida e identifiques qué pasó por qué te detuviste, y recuerda no lo veas como un fracaso, sino identifica el aprendizaje. Si es algo negativo lo que te detuvo pues ve y haz un plan de acción para ver que tienes cambiar para seguir andando.

Todos son diamantes

Éste es otro punto que me gusta tener como filosofía de vida: *Todo lo que pase en tu vida, lo veas como un diamante.* Hay veces que las personas hacen comentarios que nos molestan, pero la realidad es que tú no debes dejar que eso te moleste. Mejor velo ¡Como un diamante que te están regalando! Es un regalo porque te está diciendo "Tú no seas así". También si una persona te regala un diamante distinto, por ejemplo, te dé una manera diferente de pensar que tú no tienes, agradéceselo y úsalo para que aprendas más.

Así que todo lo que te pase y en especial en las relaciones humanas, tómalo como diamantes. Si es algo negativo, no te enganches enojándote o molestándote, mejor reflexiona y piensa ¿Qué me quiere decir esa persona?, ¿Qué me quiere regalar? Con eso vas a poder seguir enfocándote en tu emprendimiento. Porque muchas veces cuando no alcanzamos a identificar esos diamantes, nos enganchamos con esas situaciones o esas personas, y al final nos desviamos de nuestro camino que tenemos para trabajar en nuestro emprendimiento.

El dinero, la lluvia y la montaña

Siempre hay dinero, éste es un pensamiento que toda mente millonaria debe de tener y que te ayudará con creencias positivas en tu vida. El dinero es como la lluvia, siempre que llueve trae abundancia, trae crecimiento para las plantas, flores, animales, para la vida. El dinero siempre va a estar ahí, muchas veces no tenemos ni un cinco por lo que traemos en la mente, porque empezamos a decir cosas como: "No me gusta el dinero", "Huele bien feo", "Yo no vengo de una familia rica", "Para qué quiero dinero, si así me enseñaron a vivir", "El dinero es malo". Todas esas creencias van a hacer que nunca en tu vida te vaya a llegar dinero.

Tú tienes que querer dinero, tienes que desear trabajar para conseguirlo porque el dinero es bueno. La mayoría de los problemas que hay en una relación, en la familia tienen que ver porque no hay dinero. Y cuando te enganchas en esa carencia de dinero, lo que va a venir para tu vida es una montaña rusa de emociones negativas, que no te van a permitir tener estabilidad.

Hay una parábola a cerca del dinero que me gusta mucho, y te la voy a compartir: Había una vez, una montaña en la que vivía gente en la cima de ésta y en la parte de abajo. De repente llegó una gran lluvia que duró cuatro días, lo que puso a todos muy contentos porque ya iban a tener agua para sus cultivos, sus casas, su comida.

Pasado unos días aquellos que vivían en la cima se quedaron sin agua, y de inmediato le gritaron a los de abajo lo que les acababa de ocurrir. Y los de abajo no lo podían creer, ¡A ellos todavía les quedaba mucha agua!

Lo mismo que ocurrió en la montaña, ocurre con el dinero. Dependiendo de tu situación, de dónde estés parado, de tus circunstancias en la vida es como vemos si hay dinero o no; claro también tienes que ahorrar, tienes que ser cuidadoso con tus gastos, pero algo que siempre debes tener presente es que el dinero es como un océano es inmenso y es abundante. Siempre hay dinero en la sociedad, en los negocios, en las empresas, no te limites. Si hoy tienes poco dinero revisa si estás gastando más de lo que ganas, si no estás haciendo un plan adecuado de cómo invertir tu dinero. La creencia positiva que siempre debemos tener en la mente es que siempre hay dinero, que estamos listo para recibir dinero, que trabajamos porque el dinero es bueno y el dinero nos va ayudar a ser feliz y va ayudar a otros a ser felices. Éstas son creencias positivas, creencias que te van a impulsar.

Tienes que estar bien con el dinero

Tienes que ver cómo está tu relación con el dinero, tienes que ver cómo te sientes con el dinero, qué piensas en relación al dinero. Esto porque muchas veces cuando no tenemos dinero, comenzamos a generar una relación mala con el dinero, lo mismo cuando conocemos personas que tienen dinero, luego no nos queremos acercar a ellos, y nos hacemos ideas como: son "fresas", son presumidos, son drogadictos, han de tener negocios ilícitos, etc. Empezamos a decir cosas de las que no tenemos información.

Por eso te invito a analizar cómo está tu relación con el dinero. Si tú quieres ser un emprendedor exitoso, debes de tener una buena relación con el dinero para que el dinero llegue a tu vida, tienes que tener una buena relación con el dinero para que te interese ganar dinero.

Tenemos que evitar esa actitud mediocre hacia el dinero (muchas veces cultural), y que con esa actitud la gente se justifique, pero es porque no quieren cambiar su relación con el dinero. Hay que identificar qué creencias tienes en el dinero y de ahí avanzar hacia el éxito.

Historia de Éxito

Henry Ford, un bólido imparable:

Henry Ford nació en una granja, en el seno de una familia pobre, en un pueblo rural al oeste de Detroit. Durante el verano de 1873, Henry vio por primera vez **una máquina de vapor** estacionaria que podía ser usada para actividades agrícolas, quedó fascinado al instante.

Ford sufrió varios fracasos automotrices en sus inicios, incluyendo Detroit Automobile Co., que inició en 1899 pero la compañía pronto acabó en bancarrota, porque sus autos fueron considerados de poca calidad y demasiado caros para los clientes.

Pero Henry no se rindió y siguió desarrollando mejores diseños de autos hasta que consiguió un reconocimiento nacional por el auto demo "Ford 999", el cual **rompió el récord** de velocidad en tierra al recorrer una milla (1.6 km) en 40 segundos. En 1908, se lanzó el Modelo T, un auto bien hecho y de precio razonable que pronto ganó reconocimiento entre los consumidores estadounidenses. Seis años después las ventas anuales alcanzaron los $250,000 dólares en 1914.

Claves de Empoderamiento Emprendedor

Acuérdate que en esta vida no hay fracasos, ni insultos; sólo existen aprendizajes y diamantes, que nos sirven para ir construyendo nuestro camino al éxito.

Dejémonos de usar pretextos tontos que nos detienen, diciendo que no podemos por que no nacimos con dinero, lo importante es tener una agradable relación con el dinero, ver el dinero como algo bueno y desear trabajar para obtener dinero. PIENSA COMO MILLONARIO

CAPÍTULO IV

Júntate con Conejos

"Tus clientes más inconformes son tus mayores fuentes de aprendizaje"

–Bill Gates, cofundador de Microsoft

Vamos a trabajar con comparaciones, dicen que las comparaciones son malas, pero en este caso yo no lo creo así porque aquí nos daremos una imagen más clara de lo que como emprendedores queremos ser.

Los conejos corren más rápido que los demás

Lo chistoso de este capítulo es el título, que dice *Júntate con Conejos*, si vemos al conejo en su ambiente natural es un animal que corre muy rápido y además que es muy ágil. Un Emprendedor Empoderado, que tiene una idea exitosa y que puede convertirlo en empresario tiene que ser como un conejo, debe de juntarse con más conejos para que todos se impulsen y lleguen más rápido.

Yo te recomiendo que **no te juntes con tortugas**. Las tortugas en su ambiente natural, las vemos que son lentas, flojas, parece que le piden permiso a un pie para mover el otro, y así a veces tenemos amigos, familiares o personas cercanas a nuestro entorno que son como tortugas, que ellos no tienen prisa, ni tienen interés de ser exitosos. Si tú te juntas con este tipo de personas, al final estarás filtrando tu realidad con algo que no es la realidad del Emprendedor Empoderado, de alguien exitoso.

También ahí otro de tipo animal que es más peligroso: las víboras. Así que también te recomiendo que **no te juntes** con víboras, porque si la vemos en el campo, en su ambiente natural podemos ver que son dañinas, son venenosas; a veces también en nuestras relaciones personales, con amigos, con familiares, con colegas, hay personas que son como víboras, personas que contaminan, personas que quieren hacer daño, que no tienen comentarios constructivos sino destructivos. En esta parte del Empoderamiento Emprendedor tenemos que alejar a estas personas de nuestras vidas; no es que estas personas tengan la intención de hacernos daño o lastimarnos, simplemente no han aprendido que lo que hacen no nos ayuda en nuestra vida.

No estoy diciendo que te vuelvas un evangelizador, que tengas que convertir tortugas en conejos o víboras en conejos, tampoco se trata de eso; aquí el punto es que cuando tú te encuentres con una víbora o una tortuga en tu camino, no intentes convencerlos solamente evita no escucharlos. Puede ser que estés en una comida o reunión y te topes con alguno de éstos y no puedas huir de ellos, pero simplemente no entres en sus juegos, no dejes que te hagan efecto sus comentarios. El emprendedor que quiera tener éxito, que quiera pasar por todo este proceso del que hemos venido hablando, tiene que juntarse con gente diferente y para ser más específicos tiene que juntarse con conejos.

Un autor que me gusta mucho y que te recomiendo leer, se llama Bob Proctor, el siempre se dice que somos el promedio de las 5 personas con las que nos juntamos, quiere decir que cada persona con la que nos relacionamos en la vida nos deja una parte de su personalidad y eso nos va formando en lo que somos.

Conviértete en alguien inquieto que le guste estar conociendo personas diferentes, recuerda tampoco juzgar a estas tortugas o estas víboras, déjalos tú no eres el responsable de cambiarlos, ellos ya son grandes y además es su vida, simplemente no permitas que dañen o impidan esa idea que tienes en tu mente.

Los beneficios del dinero

El dinero tiene muchas creencias, algunas de estás son falsas o negativas. Pero si estas creencias son las que están en tu mente no te van a dejar sobresalir y simplemente vas a ser un emprendedor más del montón, de ésos a los que les va "mediocremente bien" y no "espectacularmente bien".

Tú debes de identificar y tener bien en claro cuáles son los beneficios que el dinero da para tu vida. Yo siempre comento que el dinero no es la felicidad pero sin dinero no tienes la felicidad. Es importante que seamos responsables en cómo tratamos el dinero, cómo lo gastamos, cómo lo ahorramos, cómo lo invertimos; el dinero tiene muchos beneficios. Si tú como emprendedor tienes ahorros, esto va a reducir mucho tiempo el tiempo para que materialices tu idea de negocio.

Otro beneficio que también tiene le dinero es que te permite capacitarte, te permite leer libros, te permite acceder a un entorno que normalmente la mayoría no tiene como ir a restaurants, clubs, congresos; esto es un beneficio porque va a permitirte que te relaciones con personas diferentes.

El dinero es bueno

El dinero no es malo, nosotros somos los responsables de cuidarlo, y es de lo mejor que te puede pasar como persona. De repente las religiones dicen que el dinero no es malo, que "el rico no pasará por el ojo de una aguja", pero ese tipo de creencias falsas lo único que están limitando es que la sociedad, México, Latinoamérica, no tengan dinero. Quiero que empieces a tomar la creencia de que el dinero es bueno, hay personas que dicen (incluyendo mi mamá): "el dinero es malo porque el dinero destruye las familias", pero es que el dinero no destruye las familias, lo que hace es sacar la verdad de la familia. Así que por favor comienza a hacerte un buen criterio sobre el dinero, te recomiendo revisar el libro *Los Secretos de la Mente Millonaria* de T. Harv Eker, te dará pensamientos muy positivos entorno al dinero, te va a permitir ampliar tu contexto y estar preparado a recibir dinero.

El mayor problema de la sociedad de por qué no tiene dinero, es porque no está preparada a recibir dinero. Vivimos en un universo de abundancia, si somos parte de ese universo hay abundancia también para nosotros; si yo bloqueo que me llegue esa abundancia (llámesele dinero, amistades, salud), te garantizo que nunca te van a llegar, pero si estás abierto a recibir con un contexto de creencias positivas, ten por seguro que tu vida va a mejorar. Esta es una creencia que he venido adquiriendo, pero es una realidad, *el dinero crea fortuna para ti y para los demás*, y un ejemplo de esto es que si no tuviera dinero no podría compartirte todo esto que hemos estado tratando. Debes de saber **relacionarte muy bien con el dinero** tener una buena relación con éste y también debes de saber que **a la gente que le gusta el dinero le gusta juntarse con personas como ellas** que les guste el dinero.

Con quién te juntas y con quién te debes de juntar

Averigua qué piensan estas personas del dinero, porque recuerda que tienes que juntarte con conejos, con personas que les guste el dinero. Si estás con personas que no les gusta el dinero, que tienen pensamientos negativos, al final tú te vas a convertir en una de estas personas.

Cuando te preguntes sobre qué piensan tus amistades y relaciones acerca del dinero, también fíjate que han logrado. Normalmente la gente que ha logrado poco en su vida o que no tiene dinero, generalmente está relacionada con la creencia de que no les gusta el dinero y que el dinero es malo. Mantente abierto y despierto en este aspecto, ten bien en claro con quién te quieres relacionar y que piensa sobre el dinero y también que ha logrado a lo largo de su vida.

Historia de Éxito

Alimenta al pobre y hazte rico o alimenta al rico y hazte pobre, la historia de KFC:

Harland David Sanders, mejor conocido como Coronel Kentucky, nació en el seno de una humilde familia de ascendencia irlandesa. Su padre falleció cuando él tenía cinco años, por lo que trabajó y aprendió a cocinar desde pequeño.

Comenzó cocinando en una estación de servicio en Corbin (Kentucky), **consiguió tanta popularidad** que el gobernador de Kentucky lo nombró "Coronel Kentucky".

En 1936 construyó un restaurante con comedor para 142 comensales, donde comenzó a hacer su famoso pollo frito, el cual patento en 1940. Durante la Segunda Guerra Mundial se vio forzado a cerrar temporalmente. Y en 1955, una nueva interestatal fue construida, donde David había cocinado su pollo por casi dos décadas. Después de vender el local y pagar deudas, David estaba en bancarrota.

Afortunadamente, ya había iniciado a franquiciar su concepto de restaurante. Y decidió por dedicarse de tiempo completo a vender franquicias y en cinco años tenía 190 franquiciatarios y 400 locales de KFC.

Claves de Empoderamiento Emprendedor

Que nunca se te olvide que los conejos son los que corren más rápido en la naturaleza, eso junto con tener una buena idea respecto al dinero, ayudarán a tu emprendimiento. No dejes que las ideas negativas de las "tortugas" o las "víboras" te afecten, ni tampoco te dejes influir por la forma en la que ven el dinero. EL DINERO ES BUENO y crear fortuna para ti traerá fortuna también para los demás, así que ¡No te detengas por nadie ni por ninguna idea negativa!

CAPÍTULO V

La actitud del vencedor

"El éxito es: aprender a ir de fracaso en fracaso sin desesperarse".

–Winston Churchill, primer ministro británico durante la Segunda Guerra Mundial

En este capítulo vamos a tomar una inyección de energía y de pensamiento positivo. Pero aquí el punto será que te responsabilices de lo que aprendas aquí y lo mantengas cada día de tu vida. Durante el proceso de emprender y hasta que se materialice tu negocio, pero también después de que tu negocio ya esté operando.

La actitud es lo que marca la diferencia en el éxito o fracaso de las personas, es como el control de la televisión tú puedes cambiar la actitud según lo que estés viviendo. Nosotros, reaccionamos de cierta manera ante circunstancias, entonces cuando hay una circunstancia, somos responsables de decidir ante ese evento cuál es la actitud que vamos a tomar, y esa actitud sea positiva o negativa va a determinar el desenlace, es decir, si nos vamos a sentir feliz o nos vamos a sentir amargados. Tú vas a decidir ante la situación, cómo tomar la actitud.

Muchas veces creemos que somos victimas de las situaciones, de que estamos en esto porque: "yo no vengo de una familia de dinero", "él fue quien me dañó", "porque el competidor hizo tal o cual cosa", "nadie me apoya". La verdad es que esa clase de pensamientos no te van a llevar al éxito, tú tienes que ser muy cuidadoso de elegir la actitud del vencedor, la actitud que tienen aquellas personas que están en la cima y hoy son exitosas.

Una persona que ha logrado lo que soñó y hoy es alguien de éxito, es porque ha sido responsable. Esa clase de personas, son responsables de ellas mismas y de todo lo que pasa.

Mis "derrotas" me fortalecen

Cuando tienes algún problema o alguna "derrota", éstas en realidad aparecieron en tu vida para fortalecerte, para hacer una mejor versión de ti y sacar lo mejor que llevas dentro; y eso también es actitud, porque puede haber otra persona que se queje de este obstáculo o aquella derrota y se justifique en que por eso no le va bien y se victimizan todo, y pues sabemos que esa no es la actitud de un emprendedor.

La actitud que quiero que tomes, es que reacciones ante cualquier situación negativa como una "derrota", un obstáculo o un "fracaso", y lo veas como algo que el universo, Dios, la vida te puso para hacer una mejor persona de ti. Todo lo que nos pasa nos fortalece y eso ayuda junto con la actitud a que hagamos una mejor versión de nosotros.

Todo empieza de "nada"

Todo en la vida inicia con pensamiento, todo es un proceso. Por eso cuando tenemos una idea emprendedora que todavía no vemos físicamente ¡No hay nada! Tú tienes que empezar a poner planes, a empezar a trabajar, a poner acción, comenzarlo con esfuerzo y trabajo para que eso vaya a suceder.

No te desesperes cuando las cosas inicien a avanzar desde "nada", desde "cero", todo siempre comienza así. Para que vaya sucediendo tienes que ir dando los primeros pasos.

Piensa en Grande

Donald Trump decía que quería hacer torres más grandes y a él una de las frases que lo caracteriza es que siempre dice "Piensa en Grande". En lo personal ese pensamiento me ha llevado a pensar en cómo crear una compañía, que pueda estar en internet, ya después que te juntas con tus socios (personas que también piensan en grande), pueden crear cosas ¡Todavía más Grandes!

El punto de esto, es que veas tú cómo estás pensando o qué tan en grande estás pensando. Si estás pensando en un negocio pequeño que te dé para vivir o estás pensando en una idea grande que beneficie a cientos de personas o estás pensando en un negocio que genere muchos ingresos. Independientemente de lo que quieras, asegúrate de que tu pensamiento sea grande.

¡Recuerda que pensar chiquito cuesta lo mismo que pensar GRANDE! Cuando piensas en grande avanzas más (aún si no alcanzaste la meta) que cuando piensas en chiquito.

Si hago el bien a lo grande me irá bien a lo grande

Nunca escatimes en que tu idea o producto tenga la mejor calidad, sea algo que atienda una necesidad que afecta a miles de personas. No empieces pensando en cómo vas a ganar más, antes de ver cuánto es lo que vas a ganar asegúrate que lo que vas a hacer será más grande y va a sorprender a tu mercado.

Aléjate de los que tienen actitud de derrotados o de conquistados

Ésta es una característica que tiene mucho la mentalidad de la gente exitosa: siempre está consiente alejarse de aquellos que tienen una actitud de derrotados.

Cuando nos juntamos con "gente derrotada", gente a la que le ha ido mal en la vida y se ha dejado vencer, podemos ver que es como basura, es decir, empieza a contaminar tu espacio; sólo que como no es basura física y no la podemos ver, no somos consientes de cómo eso está afectando nuestra vida. Aquí tú debes de ser muy responsable de las personas que estén influenciando tu vida de esta manera, no te dejes contagiar, no caigas en su juego, tú haz las cosas diferentes, lee cosas diferentes o júntate con personas diferentes; porque si no somos consientes de esto y seguimos en ese ambiente negativo, va a llegar el momento en el que tú también estés como ellos.

Por naturaleza en México y Latinoamérica fuimos culturas conquistadas, y quedó ese sentimiento de inferioridad. Por ejemplo, los mexicanos muchas veces nos sentimos inferiores frente a Estados Unidos u otras culturas. Y eso es el efecto que dejó La Conquista sobre nuestra cultura, pero en la actualidad nosotros nos dejamos ser conquistados porque La Conquista ocurrió ya hace cientos de años. Entonces para cambiar ese estado mental de conquistado, tenemos que hacer cosas diferentes, prepararnos para impulsarnos y hacer cosas que nos lleven a otro lugar y nuestro autoestima se eleve.

Otro problema que tienen los emprendedores, es cuando su autoestima es baja, en esos casos no ven opciones, no se sienten dignos de ser exitosos, luego ese sentimiento se va enganchando y va creciendo, y al final no consiguen ser exitosos, no logran su meta.

Tienes que ir por todo, no sólo por una parte del pastel

Despierta tu ambición, te hablo de esa ambición positiva y no esa "ambición de Rey Midas", de generar mucho dinero pero no que lo compartirás con nadie ¡NO! Te hablo de la ambición de ser mejor, de generar mejores productos, de brindar mejores servicios. Si estás estudiando o trabajando debes despertar esa ambición de querer sobresalir, pero no sobresalir para pisotear a los compañeros, colegas, ni tampoco a tu jefe o profesor; sino sobresalir por y para ti, porque quieres ser mejor en tu vida.

Te invito a que en esta parte de la actitud tengas esa parte aventurera, de arriesgar, ¡Quítate los miedos! El miedo sólo te paraliza, muchas veces el miedo es falta de información. Cuando no tienes información suficiente el miedo te empieza a paralizar o te da miedo de arriesgar de dar ese paso hacia delante en el emprendimiento; por favor haz un alto y revisa que es lo que está pasando, porque a lo largo de todo este proceso de emprender y de llevar al éxito nuestras ideas, va haber muchos obstáculos muchas situaciones en las que vamos a tener que tomar decisiones y si no estamos preparados a tomar decisiones no vamos a avanzar. Yo he conocido a muchos emprendedores que se frustran y al final dejan su idea o negocio justo cuando estaban a punto de llegar a la meta.

Así que despierta esa ambición positiva, esa actitud de vencedor que todos tenemos, pero asegúrate que esté todos los días de tu vida. Por eso es tan importante que todos los días leas algo que te ayude a tener la mente clara y te motive.

También te quiero recomendar que después de leer este libro, también leas "La Actitud Mental Positiva" de Napoleón Hill para que siempre tengas información que te ayude a salir adelante, yo soy una gran fan de Napoleón y debo de aceptar que me ha ayudado mucho. Así que no te detengas y sigue alimentando correctamente a tu mente para que tengas siempre una **buena actitud.**

Historia de Éxito

El humor de Ellen DeGeneres:

Ellen nació en Nueva Orleans, Luisiana; sus papás se divorciaron lo que provocó se trasladara a Atlanta, Texas. Años después regresaría a su ciudad natal para estudiar Ciencias de la Comunicación, para después dejar las clases e iniciar a trabajar, con labores como vendedora de ropa, camarera, pintora de casas, secretaria, presentadora y bailarina.

Después de alcanzar un buen lugar en los rankings de "stand-up comedy" y caracterizada por su humor, inició su programa *Ellen* a mediados de los 90's, pero no duró por mucho porque a finales de esta década su carrera se descarrilo.

Poco a poco fue reapareciendo en televisión y desde el 2003 conduce el popular programa de televisión *The Ellen DeGeneres Show*. Ganadora de varios Premios Emmy, ha liderado además la lista de las mujeres emprendedoras y más influyentes que elabora Forbes. Ellen es la primera persona de la historia que puede **presumir de haber presentado las tres galas** de entregas de premios **más importantes** de la televisión estadounidense: los Emmy, los Grammy y los Oscar.

Claves de Empoderamiento Emprendedor

Recuerda todo inicia desde "nada" y en ti está que esa *nada* se convierta en *algo,* algo grande. No te des por vencido porque el camino es largo y lleno de obstáculos, pero no conseguir pasar un obstáculo al primer intento no lo convierte en una derrota, lo convierte en un aprendizaje que te fortalece.

Asegúrate de pensar y saber que estás aquí para hacer el bien y hacerlo siempre lo mejor que puedas, piensa en GRANDE y júntate con personas que inclusive piensen MÁS EN GRANDE que tú para que aprendas de ellas. Eres una persona libre no alguien que fue conquistado, arriesga y ve por todo el pastel.

CAPÍTULO VI

Descubre tus mitos

"Los hombres son dueños de su destino. La culpa, querido bruto, no está en las estrellas, sino en nuestros vicios"

—William Shakespeare, escritor británico

En esta parte quiero hacerte unos cuestionamientos y quiero invitarte a que respondas de manera honesta unas preguntas detonadoras, que van a permitir ubicar la realidad en la que te encuentras en este momento con todo el proceso de emprendimiento.

La honestidad contigo mismo en esta sección es fundamental, porque si no identificamos ni hacemos es alto a lo que estemos haciendo mal, podemos seguir avanzando pero al paso de los días nos vamos ir sintiendo muy mal, muy estresados, muy frustrados y podemos correr el riesgo de cancelar todo el esfuerzo que ya llevamos.

Es importante descubrir y saber que mitos, que situaciones están bloqueando mi vida.

Los mitos son obstáculos que si no los identificamos se convierten en una creencia y una verdad, lo riesgoso de tener esto en nuestra mente es que nos va a limitar a seguir avanzando.

Aquí las preguntas las vamos a enfocar mucho a tu emprendimiento, a tu idea de negocio, a tu proyecto. Y al final de cada pregunta te voy a dar unos renglones para que te respondas para que puedas identificar y ver cómo es que vas. Responde las preguntas de manera honesta, yo te recomiendo que estés en un lugar tranquilo que lo hagas muy personal.

¿Qué te está deteniendo?

Es una pregunta clave para la vida y sobretodo para el emprendedor. ¿Qué nos detiene en este momento? Es importante esta pregunta para ver qué nos está bloqueando para avanzar más rápido o que no nos ha permitido tener el resultado que buscamos por todo el trabajo que hemos realizado.

Explora la parte de conocimiento, la preparación o formación, si te detiene la falta de información sobre el mercado de qué quiere o qué busca o qué prefiere en relación a los competidores. Muchas veces la falta de información nos empieza a paralizar y nos da miedo, entonces si es este tipo de situación en el que no tienes la información, pues ya identificado esto tienes que ponerte a investigar y conseguir la información.

Otra cosa que te puede estar deteniendo es la parte de la situación familiar o la situación económica o alguna situación más personal que te esté perturbando y no has podido darle salida, éstas cosas también pueden ser un obstáculo para seguir avanzando.

Aquí te di algunas causas que pueden estarte deteniendo y puedas responderte según tu realidad. Ahora te toca a ti ver cuáles son las causas y ponerles solución. ¡Ánimo!

Las cosas que me detienen son…

_____

_____

_____

_____

_____

_____

_____

_____

_____

_____

¿Por qué crees que no te has desarrollado al máximo?

Si tú ya tenías un plan de trabajo o ya tenías ciertas acciones o sientes que estás haciendo mucho pero no avanzas. Tenemos que enlistar el por qué no avanzamos, enlistar por qué estamos ahí detenidos, por qué no hemos dado ese máximo que sabemos podemos dar.

Puede que con esta pregunta entres en algún bloqueo y no puedas darte una respuesta, pero no por eso vale auto-sabotearse y poner: "sí, yo ya estoy dando el máximo", eso es engañarse porque siempre podemos dar más. Si tienes dificultades con esta pregunta, pásate a la siguiente y ya que termines y te sientas más relajado regresas a responderla, porque si no identificamos por qué no nos estamos desarrollando al máximo vamos a seguir entregando trabajos a medias.

No me he desarrollado al máximo porque…

_____

_____

_____

_____

_____

_____

_____

_____

_____

¿Por qué crees que no te ha ido mejor?

Por qué no te ha ido mejor en este momento de tu emprendimiento, te repito la honestidad y la profundidad de tus respuestas es lo que importa. Para que al final ya que tengas todas estas respuestas a la mano, puedas poner un plan de acción a todas estas situaciones que se están convirtiendo en mitos, que te estén bloqueando o que estén apareciendo como pensamientos negativos como: "mejor ya déjalo", "esto no es posible", "esto no es para ti", "no seas un tonto", etc.

El propósito de todas estas preguntas es que todos esos mitos negativos se vayan de tu mente y tú puedas seguir adelante con lo que deseas. Entonces es importante que identifiques que te está haciendo falta por hacer, para que puedas sacar al éxito esa idea que tienes en la cabeza, que estás dejando que te detenga y te impida avanzar hacia delante.

No me ha ido mejor porque...

_____

_____

_____

_____

_____

_____

_____

_____

_____

_____

¿Por qué a otros les va mejor y a ti no?

Aquí quiero que saques lo que piensas, no tengas miedo, ¡Pero escríbelo! El estar pensando el porqué a ellos sí les va mejor y a ti no, desenfoca toda tu energía y pensamientos que tienes en tu proyecto y lo convierte en envidia, en pensamientos negativos, que al final lo único que va hacer es mermar todo tus resultados y toda tu capacidad.

Es importante que seas honesto, que si a otros les está yendo mejor que a ti porque están haciendo cosas diferentes, se juntan con otras personas, van a asesorías, etc. Y también se vale que si no sabes la respuesta, vayas y se lo preguntes ¿por qué no? Todo este ejercicio no se trata de que inventes y llenes los espacios, si no tienes la información, no la inventes. Reúnete con estas personas y pregúntales de manera amigable, puede ser un café, en una reunión, la realidad es que a la mayoría de las personas cuando se les acercan con este tipo de interrogantes les gusta ayudar, claro debemos saberlo pedir, y así tú puedas identificar qué te está faltando de hacer o qué puedes ir mejorando o qué dejaste de hacer que sí estaba funcionando.

A otros le va mejor que a mí porque...

_____

_____

_____

_____

_____

_____

_____

_____

_____

_____

_____

_____

_____

NOTA: Se vale preguntar.

¿Qué creencias negativas de tu familia crees que te puedan estar estorbando?

Regresamos otra vez a las creencias limitantes, hay que ver qué te dicen ellos en relación a tu emprendimiento, qué ideas te han repetido tanto que ya se te volvieron creencias y se han vuelto un bloqueo para tu avance.

Deja te doy mi ejemplo: yo recuerdo que cuando comencé unos de mis emprendimientos, que fue cuando mi esposo se quedó sin trabajo e iniciamos a formar Ignius. Recuerdo que nuestros papás (en especial los míos), preguntaban con mucha insistencia por qué Gustavo no se metía mejor a otro trabajo, y que yo buscará trabajo en una empresa; también nos decían que no nos iba a ir bien, que estábamos arriesgando el futuro, que estábamos muy jóvenes, que para que andábamos "haciéndole al cuento" inventando un negocio propio. Pero nosotros no les hicimos caso a estos pensamientos y con eso evitamos que se convirtieran en una creencia.

Pero también existen casos en los que puede ser que de tanto decir la misma cosa negativa, que al final terminas creyendo que es verdad y se hace una creencia. Tampoco se trata de que vayas a reclamarle a tu familia de por qué te heredó esas creencias negativas, sino cambia TÚ la información que tienes en tu mente para que puedas apreciar si esa creencia que has creído por tanto tiempo o que te la han repetido tantas veces, es verdadera o no.

Yo creo que estas son las creencias de mi familia me están estorbando…

_____

_____

_____

_____

_____

_____

_____

_____

_____

_____

¿Qué creencias que has aprendido de otros crees que te puedan estar estorbando?

Hay que explorar que creencias has aprendido de otras personas (amigos, colegas, profesores, jefes, etc.) te pueden estar estorbando o te están estancando.

Yo recuerdo mucho en un taller, alguien me decía que las ventas eran el escalón más bajo de su carrera y él era un emprendedor que estaba ya con un producto prototipo y ya a punto de sacarlo al mercado pero no le estaba yendo muy bien. Ya hablando con él pudimos identificar que su problema era que tenía esa creencia estorbosa que le decían que si era un empresario no iba a poder vender y que si se ponía a vender iba a estar en el último escalón, que para qué había trabajado tantos años ¿Para ser un vendedor? Su creencia le decía que mejor contratará a los vendedores y que él se dedicara a dirigir la empresa. Pero la realidad era que la situación de este empresario no le permitía contratar vendedores, por lo que tenía que iniciar a vender por él mismo, pero esta creencia limitante de decir que el vendedor es el escalón más bajo en la carrera profesional de una persona, no le permitía avanzar.

Por eso quiero que pienses y seas muy sincero en cuanto a qué creencias estorbosas pueden estar deteniendo tu camino, hay que sacarlas por más arraigadas que estén; para evitar que esas ideas se vuelvan en obstáculos cuando ya tengas muy avanzado tu emprendimiento.

Las creencias que he aprendido de otros y me puede estorbar son...

_____

_____

_____

_____

_____

_____

_____

_____

_____

_____

¿Qué vas a hacer de *inmediato* para cambiar?

Una vez que ya revistaste, reflexionaste, respondiste y hasta meditaste todas estas preguntas. Viene la parte de la acción y quiero que a continuación escribas qué es lo que tienes que cambiar de **inmediato,** para que esas situaciones que te puedan estar deteniendo y limitando se puedan ir corrigiendo y modificando. Escribe todas las acciones que creas necesites implementar y empieza a trabajarlas, ¡No olvides ponerles fecha!

Las cosas que voy a cambiar son...

_____

_____

_____

_____

_____

_____

_____

_____

_____

_____

_____

_____

Historia de Éxito

Jeff Bezos y su idea Amazon(ica)

Su madre, Jacklyn Gise, tenía 17 años cuando le dio a luz. De su padre biológico, Ted Jorgensen, no se sabe mucho. El padrastro de Jeffrey, Miguel Bezos nació en Cuba.

Trabajó para una compañía de fibra óptica y luego en Wall Street. Jeffrey Bezos realizó diversos trabajos relacionados a su profesión, pero no fue hasta el año 1994 que se decidió a abrirse camino, fundando en aquel momento la librería en línea llamada Cadabra.com, aquel primer proyecto, que aún no había sido llamado Amazon, tuvo su primera oficina en el garaje de una casa que habían alquilado Jeff y su esposa Mackenzie en la ciudad de Seattle.

Es el hombre que revolucionó la forma de comprar por internet. Después de *ignorar* el consejo de su jefe y dejar su trabajo en Nueva

York, Bezos terminó en Seattle poniendo en marcha la compañía de comercio electrónico más grande, que emplea a 56,200 personas.

Claves de Empoderamiento Emprendedor

En esta sección es muy importante tu sinceridad y es necesario que constantemente te estés haciendo estas preguntas, para no ir generando ni dejar espacio a que se formen creencias negativas.

Conserva estas preguntas si quieres, pero lo más importante es que tu plan de acción le pongas fecha a cada acción y te comprometas a cumplirlas. El compromiso y la sinceridad contigo mismo te llevará muy lejos en este camino de emprendimiento.

CAPÍTULO VII

Las señales de una fortaleza

"Conquistar el miedo es el inicio de la riqueza"

–Richard Branson, fundador de Virgin Group y dueño de más de 300 empresas.

En este capítulo quiero pasarte algunas herramientas, que a mí me encantan y que te ayudarán a avanzar. Son para cuando estés en esos días no tan positivos, esos días de dificultades, te acuerdes de estas herramientas que te sirvan de resorte y te ayuden a salir de esa situación difícil o frustrante y puedas seguir adelante.

Hay que seguir trabajando nuestra honestidad hacia nosotros mismos, para poder identificar la realidad el momento en el que nos encontramos hoy.

¿Sabes cuáles son tus fortalezas?

Debemos empezar a explorar cuáles son nuestras fortalezas en cuanto a nuestro sueño, idea o el emprendimiento que queremos lograr. Si es que tengo fortalezas en cuanto a conocimiento técnico o a lo mejor me hace falta eso y necesito empezar a juntarme con gente que sepa más de eso. Tal vez soy una persona que tiene mucha fortaleza en la parte de vender ideas, de emprender pero soy muy malo dirigiendo o administrando el dinero, los esfuerzos.

Tenemos que identificar qué fortalezas tienes y también qué áreas de oportunidad tienes en este momento para el éxito. Quiero que pongas en tu mente a algún líder o empresario que admires mucho, para que en base a ese personaje tú empieces a compararlo con tu realidad actual.

Uno de los empresarios que más admiro es Richard Branson el fundador de Virgin, él para mí es una gran inspiración porque es un empresario que actualmente maneja más de 300 negocios que están todos ligados en el mundo del entretenimiento, los hoteles, la música, los viajes, la telefonía. Pero de lo que más me inspira de él es que tiene muchas cosas que yo todavía no tengo, pero si yo las logro identificar como áreas de oportunidad, sin duda alguna me va a permitir avanzar.

Te voy a invitar que en las siguientes líneas pongas cuáles son las fortalezas que actualmente TIENES. Por fortaleza me refiero a características, habilidades, comportamientos y actitudes que sean fuertes y dominantes en ti y que tú estés seguro que te ayudan de una u otra manera a emprender. O en otras palabras, como decimos aquí en México: en qué eres bien *fregón*.

Soy bien *fregón* en…

_____

_____

_____

_____

_____

_____

_____

_____

_____

_____

_____

_____

_____

_____

_____

Después de haber contestado eso, vamos a pasar a la siguiente parte y es que identifiques tus áreas de oportunidad comparándote con algún empresario que sea tu inspiración. En estas líneas vas a poner TODO lo que ese empresario tiene y que tú todavía no tienes como una fortaleza.

Un ejemplo de un área de oportunidad que yo tenía comparándome con Richard Branson, es que Richard es muy agresivo, quiero decir, no tiene miedo a perder. Cuando leí eso yo estaba en una situación en la que me daba miedo invertir y tomar decisiones de dinero porque no quería perder; pero conforme me empecé a animar y a tomar estas situaciones esto se convirtió en una fortaleza. Hoy yo me siento una empresaria agresiva que no me da miedo perder, pero no me quedo con las ganas y hago lo que tengo que hacer, obvio no tomo decisiones al "aventón", decisiones tontas, primero las valido y de ahí tomo la mejor decisión.

Ahora te va a ti encontrar áreas de oportunidad en ese emprendedor.

El/La emprendedor/a a quien yo admiro es...

_____

_____

_____

_____

_____

_____

Las fortalezas de él/ella que veo como áreas de oportunidad en mí son...

_____

_____

_____

_____

_____

_____

_____

_____

_____

_____

_____

La tarjeta de declaración de fortaleza

Una vez identificadas tus fortalezas, vas a hacer una tarjeta con las declaraciones de tus fortalezas. Te muestro un ejemplo de cómo podría ser, pero aquí la idea es que tú la hagas, la personalices y la cargues contigo en la cartera, la

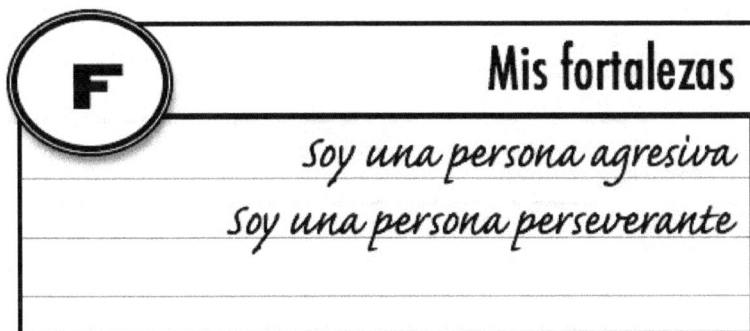

F   **Mis fortalezas**

Soy una persona agresiva

Soy una persona perseverante

agenda, la carpeta, bueno eso ya queda tu creatividad.

Esta tarjeta yo la tengo en mi carpeta y a mí me ha servido mucho, en especial cuando tengo un mal momento o hay obstáculos o situaciones que me perturban y no me dejan avanzar con mis metas, yo leo mis fortalezas, con eso me recuerdo quién soy y qué tengo para seguir adelante.

Las tarjetas de yo amo

Aquí vamos a hacer muchas tarjetas de presentación, como unas 25 estaría bien, en las que puedas poner la frase "yo amo" y también aquí vas a escribir cosas que amas hacer en tu día a día, en el trabajo, en tu vida personal, no olvides incluir tanto el trabajo como tu vida personal. Igual queda a tu ingenio la forma en la que las hagas, aquí te pongo unas de mis tarjetas:

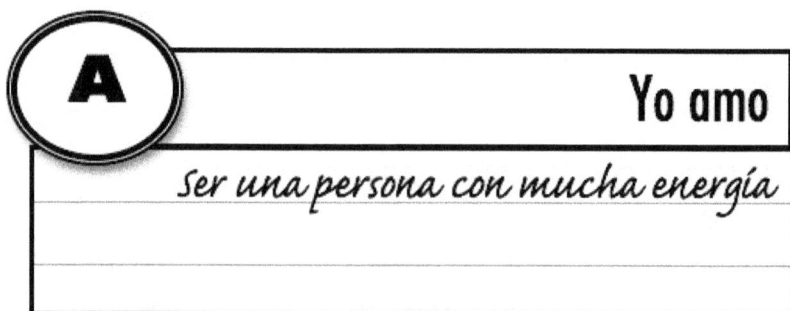

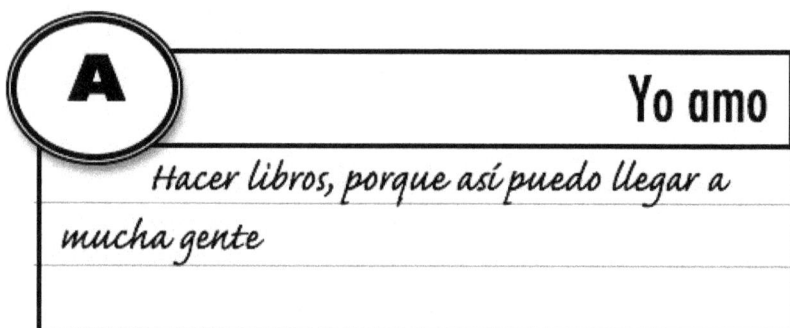

A Yo amo

Ser una persona con mucha energía

A Yo amo

Hacer libros, porque así puedo llegar a mucha gente

Y así cuando tú tienes este tipo de motivadores personales, es utilísimo porque te reconecta con tu esencia y con lo que amas de ti. Estas tarjetitas no tienes que estarlas cargando de un lugar a otro, puedas ponerlas en una cajita bonita y dejarlas en tu tocador o en algún lugar cerca de ti, para que cada día inicies leyendo una de éstas y te recuerda qué es lo que amas de tu vida.

Estas son herramientas muy buenas porque te recuerdan quién eres y por qué amas lo que amas hacer, además de que no cuestan dinero y soy muy simples.

Historia de Éxito

El Virgin Group de Richard Branson

Richard sufría dislexia, por lo que obtuvo resultados académicos muy bajos en la escuela y, sin embargo, a sus quince años ya había fundado dos empresas, las cuales **finalmente fracasaron**. A los dieciséis años, Branson dejó los estudios y se trasladó a Londres, donde comenzó **su primer negocio exitoso**, la revista Student. Con diecisiete abrió su primera organización caritativa, el "Student Advisory Centre."

No toda su historia ha sido de éxitos, en una de sus riesgosas inversiones estuvo a punto de quedar en banca rota. Pero sus proyectos emprendedores lo han llevado a poseer más de 300 empresas en diferentes rubros y a estar presente en más de 30 países alrededor del mundo.

Este espíritu aventurero lo ha hecho arriesgar todo, y no sólo dinero también tiene logros en los deportes como haber cruzado el Océano Atlántico y el Océano Pacífico saliendo de Japón y llegando hasta el Ártico Canadiense, en un ¡Globo aerostático! Su más reciente inversión es *Virgin Galactic* ¡Una compañía de turismo espacial!

Claves de Empoderamiento Emprendedor

En este capítulo aprendimos a identificar nuestras fortalezas, a buscar áreas de oportunidad en las fortalezas de otros y a recordar qué es lo que amamos y cuál es nuestra esencia.

Las fortalezas son cosas que nos caracterizan y nos distinguen porque somos *fregones* en ellas, éstas nos van a empujar y potencializar al éxito si las trabajamos todos los días. Y para los días difíciles debemos recordar por qué empezamos, por qué lo hacemos y qué es lo que amamos.

CAPÍTULO VIII

Crear hábitos fuertes

"Ya sea que pienses que puedes o que no puedes hacerlo, tienes razón"

–Henry Ford, fundador de Ford Motor Co.

Me da mucho gusto que estemos llegado ya casi al final del libro, vamos a aprender cómo *crear hábitos fuertes* que te ayuden en todo el proceso de emprender, pero que también te ayuden a ser mejor empresario y mejor persona.

A mí me gusta mucho esto de los hábitos, porque tengo la fortaleza de que si elijo un hábito, lo pongo en mi mente, lo trabajo y ¡listo! Ya lo adquirí, soy una persona que se adapta fácilmente a los nuevos hábitos.

Uno como emprendedor siempre tiene que estar evaluando qué hábitos positivos y cuáles negativos tiene en su vida. Los hábitos positivos, sin duda son esos que te ayudan en tu vida; pero los hábitos negativos, que también se vuelven hábitos por la repetición son hábitos que nos dañan y se convierten en barreras u obstáculos.

Vamos a trabajar con diferentes tipos de hábitos, según la frecuencia con la que los hacemos. Y cómo tú puedes incluir en tu vida estos hábitos positivos que nos van ayudar a llegar al éxito.

Algo muy importante que hay que tener en mente, es que para adquirir un hábito o reforzar uno y que lo podamos hacer de manera automática. Va requerir de muchísimo compromiso, de mucha disciplina y de asegurarnos de vivir esos hábitos **por lo menos 21 días** consecutivos, para que después de este tiempo tu cerebro haya creado un nuevo camino neuronal, que tu cerebro permita registrar ese camino y que posteriormente lo afiance muy bien. Esa es la manera en la que adquirimos nuevos hábitos.

Así como en las noches te vas y te cepillas los dientes, porque lo has repetido un sinnúmero de veces; y del mismo modo que aprendimos el hábito de andar en bicicleta, de hacer ejercicio, de conducir un carro, de la misma manera podemos adquirir cualquier hábito. Mucha gente dice "que los hábitos no se pueden adquirir, que si no los tienes ya te fregaste y ni modo por ti" nosotros no tenemos que ser de esa creencia, nosotros somos de los que sabemos que si queremos con compromiso y disciplina podemos adquirir para nuestra vida CUALQUIER hábito.

Te voy a compartir unos hábitos que he incluido en mi vida gracias a que he platicado con muchas personas exitosas y he leído muchas biografías. También espero que tú vayas identificando qué hábitos tienes y para aquellos que no, pongas un plan de acción y los inicies a trabajar. Estos son algunos hábitos que yo te recomiendo tener:

Hábitos diarios

1. *Iniciar el día con una lista de acciones a lo que vas a dedicar el día.* Mucha gente no tiene organización de su día y no sabe cómo va a utilizar su tiempo, entonces lo que sucede es que ese valiosísimo tiempo se desperdicia.

2. Marcar con una "palomita" las cosas que sí se hicieron durante el día y con una "tachita" las que no. Las cosas que no pudiste hacer en el día las vas a reprogramar para tu siguiente día.

3. *Hacer ejercicio.* Esto nos va a brindar energía, nos va a relajar y muy importante nos va a despejar la mente.

4. *Saber decir NO.* A esas cosas que nos distraigan de nuestra lista, si no es algo de vida o muerte no tienes porqué desenfocarte de lo que estás haciendo.

Hábitos de cada semana

1. *Cada lunes identificar las grandes cosas que debo de hacer para acercarme a mis metas.* Todos los lunes debes de identificar esas "big rocks", esos proyectos o acciones importantes que deben suceder esa semana para que te acerques al éxito.

2. *Cada domingo hacer recuento de todo lo que positivo que ocurrió en la semana.* Esto es motivante a seguir avanzando en la vida, porque agradeciendo lo que tenemos se nos recarga la pila.

3. *Tener libreta de metas.* Dedica un tiempo a escribir la lista de cosas que quieres para tu vida, la lista de los "quiero's", de metas. Lo puedes clasificar en:

   a. *Qué cosas quieres para tu vida en cuestión material.* Pon las cosas que quieres en una lista completando 33 cosas.

   b. *Qué estilo de vida quieres.* Con tu familia, como empresario, como emprendedor, los enlistas llegando hasta 33.

   c. *Qué quieres hacer antes de morirte.* Enlista 33 cosas que deseas completar antes de partir.

NOTA: No tienes que completar las 33 cosas a la primera, es un proceso y cada vez que quieras puedes ir añadiendo algo.

4. *Leer la libreta de metas.* Ya tienes tu libreta ahora léela una vez a la semana para que te recargues, te motives y te conectes con esos deseos.

Hábitos de cada mes

1. *Medir el avance.* Revisar el progreso que llevas en cuanto al cumplimento de las acciones o proyectos que tengas, esto se hace cada mes para que tengas tiempo de trabajar y después hagas corte para que evalúes qué cosas sí se lograron, qué cosas no; y de ahí partir para el siguiente mes.

2. *Tomar un café con alguien.* Tomar un café con alguien que te inspire, que te cuente algo de su caso de éxito y aquí es programar un tiempo en tu agenda para compartir con alguien.

3. *Concluir un libro.* Tienes que prepárate, la lectura es una formación que no nos da la escuela. Si lo puedes leer más de uno al mes qué mejor, pero por lo menos asegúrate de leer uno por mes.

Hábitos de cada trimestre

1. *Cuánto he avanzado en mi proyecto.* Es importante tener un indicador que nos pueda dar un resultado para ver si se cumplió la meta.

2. *Tomar una tarde libre para reflexionar.* Esto para pensar y analizar en qué momento te encuentras, puedes hacerte las preguntas que vimos en el capítulo VI, haz un alto revisa tu plan de acción y sigue adelante.

Hábitos de cada semestre

1. *Dedicar un tiempo a hacer "benchmarking".* Para saber cómo van y qué están haciendo los competidores, puedes investigarlos en internet o llamar al negocio.

Hábitos de cada año

1. *Prémiate.* Asegúrate de tener ciertos recordatorios, ciertos premios que te recuerden el éxito que has ido teniendo en el año.

Éstos son algunos ejemplos de hábitos que yo he usado en mi vida, pero si tú encuentras otros ¡Bienvenidos!

Historia de Éxito

Whatsapp de Jan Koum

A los 16 años llegó desde Ucrania a Estados Unidos un joven de nombre Jan Koum junto con su familia. Vivió durante mucho tiempo de los programas y **caridad del Gobierno** norteamericano, haciendo uso incluso de los cupones de alimentos.

A la edad de 18 años se interesó por la programación lo que lo llevó a trabajar en Ernst & Young mientras estudiaba en la Universidad del Estado de San José. Aplicó para trabajar en Facebook pero no fue aceptado. En 2009 pudo comprarse un iPhone y fue cuando se percató que App Store iba a desarrollar toda una nueva industria haciendo aplicaciones.

Tras una vida más amarga que dulce, el 24 de febrero del 2009 Koum junto con Brian Acton (co-fundador de WhatsApp) pusieron en marcha la aplicación de mensajería, no le tomó mucho tiempo que la aplicación consiguiera popularidad y llegó a tener 450 millones de usuarios y que recientemente ha sido **adquirida por el gigante Facebook**.

Claves de Empoderamiento Emprendedor

Todo hábito es posible de adquirir si se trabaja con disciplina y dedicación, siempre vamos a tener hábitos por eso conviene ser consiente en cuáles son, saber que nos van a ayudar y que son positivos. La mejor manera de conseguir hábitos nuevos y positivos es poniéndolos en práctica *consciente* al menos durante 21 días.

Puedes planear tus hábitos emprendedores por duración, los pueden ser diarios, semanales, mensuales, trimestrales, semestrales, anuales, quinquenales, etc. El chiste es que te lo propongas, los consigas y ¡Nunca los dejes!

CAPÍTULO IX

El manejo de la frustración

"No he fracasado. He encontrado 10,000 soluciones que no funcionan".

–Thomas Alva Edison, físico e inventor de la bombilla

Sabemos que nadie está libre de encontrarse con obstáculos o problemas al momento de querer emprender, por eso vamos a conocer el contexto de este tema tan importante y trascendente para el éxito de lo que quieres hacer.

¿Qué es la frustración?

La frustración no es otra cosa que un resultado negativo, cuando estamos intentando dominar o aprender algo o llevando a cabo ese emprendimiento que tenemos en mente.

La frustración es un alto o un bloqueo, que aparece en ciertos momentos de nuestro emprendimiento y de nuestra vida. Tenemos que ver la frustración desde el lado positivo, porque hay quienes la ven desde el lado negativo, como algo que los paraliza, que los hace estacionarse y de ahí ya no quieren salir, se estancan y ya no ven más opciones. Yo he conocido a lo largo de muchos años personas que tienen la etiqueta de fracasado o fracasada y simplemente no ven opciones, su autoestima está baja, no quieren emprender, no quieren arriesgarse, no quieren hacer cosas diferentes. Pero la frustración hay que verla como una parte *normal* del proceso para el éxito.

El lado positivo del fracaso

A mí me gusta ver el lado positivo del fracaso, porque podemos hacer un alto e identificar por qué sucedió eso o qué hice mal, en seguida podemos poner acciones para rápidamente salir de ahí y quitar estas emociones entorno al fracaso.

El lado positivo del fracaso, es que, también te permite ser más fuerte y tomar una actitud diferente porque no serás de esas personas que tienen una actitud negativa frente al fracaso. Siempre veo el lado positivo del fracaso; de hecho no existe en mi vocabulario la palabra *fracaso*, más bien cuando yo hablo de algo que se atora o no sale entiendo que es un aprendizaje, y si hay algo negativo en el resultado que estoy obteniendo, lo único que me queda (y con toda mi responsabilidad) es hacer algo diferente. Si nos enganchamos en este ciclo del fracaso, lo único que va a pasar es que podamos abandonar un sueño, una meta o nuestro emprendimiento y al final nos quedaremos frustrados.

Yo lo que digo cuando veo personas que se frustran por cualquier cosa, yo lo que veo es que ellos no han aprendido o no han entendido que el éxito tiene muchos obstáculos o derrotas temporales porque ¡Nada en la vida es fácil! Todo requiere de un trabajo y un aprendizaje, entonces yo te invito a que empieces a eliminar de tu vida la palabra fracaso y mejor lo tomes como aprendizajes que la vida te está poniendo en ese momento, para sacar una mejor versión de ti y para también crecer como persona, emprendedor y profesional.

Siempre habrá algo porqué frustrarse

Siempre, siempre habrá algo que nos frustrará. Aquí el punto es cómo tomas esa reacción a la circunstancia que te está frustrando. Si te sucede mucho esto, lo único que tienes que hacer es poner un alto a lo que estés haciendo y salirte a dar una vuelta a la calle, subir una escalera, ir al baño o ir por un vaso de agua, para que no permitas que te enganches en esa situación. Si te quedas ahí frente a una situación frustrante, no va hacer que se resuelva, mejor haz un alto, deja ese momento, refresca tu mente y deja que la emoción baje y la inteligencia suba. Por eso es bueno hacer espacios.

Cuando tienes un mal día o hubo muchos eventos frustrantes en esa semana, lo mejor es no engancharse sino simplemente saques lo positivo de la situación y sigas adelante. Corta ese momento, haz una pausa, ponte a hacer otras cosas para que después llegues con otro ánimo y otra actitud a resolver ese evento frustrante.

Algo que es muy importante ver en el tema del fracaso, es verlo como un reto, como una oportunidad que tienes para crecer y aprender algo nuevo. Cuando ves esas situaciones que no nos gustan, porque claro a nadie nos gustan aunque sean aprendizajes, tú tienes que verlo en tu mente como un reto que tienes que resolver y te tienes que preparar para poder resolverlo, para rápidamente pasar ese momento y puedas seguir avanzando.

Tips para eliminar la frustración

1. *Lee biografías de personas que tuvieron muchos inconvenientes,* que tuvieron un calvario para llegar la éxito, para que de ellos te inspires de cómo salieron de esas situaciones.

Debe de despertar en ti la actitud de no dejar la cosa que no te salió, sino cambiarla y después regresar para terminarla y seguir avanzando. Mi ejemplo y maestro que tengo, para saber que no me tengo que frustrar, aunque ya lleve 5 o 10 intentos debo seguir intentando es Edison, porque Edison tuvo muchísimos aprendizajes para crear la bombilla eléctrica, a él no le salió a la primera vez además estaba desafiando una época, porque cuando él se puso la idea de que podía haber una manera más segura de iluminar las casas fue algo nuevo y la gente le decía que estaba loco, además como no era experto en eso tuvo que abrir todo ese camino y pues claro las cosas no le salieron bien desde la primera vez, él dice que aprendió 10,000 formas de no hacer una bombilla eléctrica. Busca personajes que te motiven a seguir a pesar de los intentos que hayas realizado, no importa los intentos que lleves cada vez estarás más cerca de llegar al resultado.

2. *No platiques mucho de tus fracasos.* Esto porque a la mayoría de las personas les gusta opinar y engancharse de esas situaciones. Si tú estás rodeado de personas que no les interesa tener un reto continuo o de arriesgarse, lo que va a ocurrir es que te van a suprimir y te van a dar datos falsos o elementos que no necesitas tener en tu mente, lo que puede ocasionar que te hagan desistir de lo que quieres hacer.

3. *Haz un alto e identifica qué es lo que sientes,* si sientes angustia, sientes tristeza, coraje, es importante que identifiques la emoción que hay detrás de esa frustración, para que una ves que la tengas identificada empieces a bajar ese sentimiento y puedas sacar tu actitud mental positiva para seguir avanzando.

4. *No te enganches con la situación,* no empieces por identificar todo lo negativo de la situación, mejor cambia tu cassette

y enfócate en todo lo positivo que has logrado hasta este momento. Cuando hacemos estos cambios en la forma en la que pensamos, nuestro cuerpo empieza a generar hormonas que nos ayudan en nuestro positivismo nos harán sentir mejor y nos harán "ver la luz". Porque cuando nos enganchamos con esas emociones negativas y nada más vemos lo malo que hay entorno a la situación que nos está frustrando, no vamos a salir de ahí. Y corres el riesgo de enfermarte, de estresarte, de sentirte mal y sobretodo de que renuncies o desistas en seguir intentando ese sueño que persigues.

5. *Consiéntete con algo*, cuando se presente esa situación de frustración, ve y cómprate un helado, una paleta o algún dulce, para cambiar ese estado de ánimo. Yo lo que hago en esos momentos de frustración cuando las cosas no salen como yo quiero y para no ser grosera con la gente con la que estoy trabajando, lo que yo *decido* es alejarme de esa situación y me subo a mi coche, me voy a una tiendita donde a veces me compro unas papas, un chocolate algo dulce, me lo como tranquila; y ya después regreso a mi lugar de trabajo con la mente fría sin la emoción negativa que me causó la frustración.

Estos tips te los recomiendo practicar y no es que te vayas a hacer insensible o a volver inmune a la frustración, pero lo que sí se vale es tener herramientas, recursos, momentos que nos hagan salir de esa frustración para poder seguir avanzando. Cuando me encuentro a personas mayores que dicen estar frustradas porque no hicieron esto o aquello y ya que les pregunto el porqué no hicieron, y me contestan que no se podía en sus tiempos. La verdad es que es triste conocer personas frustradas que no hicieron cosas que querían por falta de tiempo.

Yo aquí te invito a que te liberes de esas emociones negativas que la frustración trae consigo, que lo sigas INTENTANDO, que sigas avanzando y te acuerdes de Edison que si él tardó 10,000 intentos en llegar a su invento, si tú apenas lo has intentado 5 veces pues aún tienes mucho que caminar.

Historia de Éxito

Al estilo (Gabrielle Bonheur) Chanel

Hija de una tuberculosa y de un vendedor ambulante, que desaparecía largas temporadas sin dejar más rastro que olor a alcohol y deudas de juego.

Con 12 años su padre la aparcó en el hospicio de Obazine. Gabrielle nunca superó aquel abandono. "Quería suicidarme. Durante mi infancia sólo ansié ser amada. Todos los días pensaba en cómo quitarme la vida, aunque, en el fondo, ya estaba muerta. Sólo el orgullo me salvó". Un orgullo que, años después, le llevó a su venganza: transformar su humillante uniforme negro del orfelinato en bandera del buen gusto: un Chanel.

En 1909, gracias al apoyo de uno de sus acaudalados amantes se radicó en un apartamento en el Boulevard de Malesherbes de París, donde en 1914 abrió su primera tienda de sombreros, Modas Chanel, y a mediados de los años veinte, lanzó el estilo Chanel clásico.

Durante la Segunda Guerra Mundial y la posguerra Chanel **no pudo** diseñar lo que le costó a su fama, fue hasta en 1954 **revivió** con éxito estilo Chanel y junto su Chanel nº 5, uno de los perfumes que creó, su estilo se hizo famoso en el mundo entero trascendiendo épocas.

Claves de Empoderamiento Emprendedor

A lo largo de este curso hemos trabajado con esas ideas positivas que son tan necesarias para saltar cualquier obstáculo. Siempre tendremos obstáculos y en ocasiones incluso muros en nuestro camino, eso y más cosas son fuente de frustración, ¡Pero no te dejes vencer! Recuerda es importantísimo que te des un espacio para ti, para despejar tu mente, para que regreses y soluciones tu problema.

No te olvides de Edison, si el pudo hacerlo 10,000 veces e inventar la bombilla eléctrica, tú puedes hacer lo que tienes en mente; sólo recuerda no tomar como fracaso los aprendizajes que llegan a tu camino y mantener la mente positiva.

CAPÍTULO X

Secretos de las Ventas Emprendedoras

"Todos tus sueños pueden hacerse realidad si tienes el coraje de perseguirlos"

–Walt Disney, co-fundador de Disney Production y creador de Mickey Mouse

Para iniciar este capítulo te cuento que aquí vamos a abordar algunos Secretos de las Ventas Emprendedoras. Yo sé que posiblemente como emprendedor no te guste vender y prefieres que alguien más lo venda, sin embargo quiero abrir tu contexto antes de que tu producto esté ya materializado o si ya tienes tu producto quiero mostrarte lo importante de que aprendas a vender.

A lo largo de nuestras vidas estamos vendiendo algo, muchas veces no nos damos cuenta, por ejemplo los trabajos que hayas tenido se deben a tu capacidad que tú tuviste para venderte a ese reclutador; otro ejemplo es el hecho de que hagas o no ejercicio, también depende de la venta que te haces a ti mismo de que el ejercicio es bueno para tu salud, y así como hay buenos vendedores que compraron la idea de hacer ejercicio, también existen aquellos que no la compraron.

A lo que quiero llegar es a que veas que todo en la vida es una venta. Tú como emprendedor, si vas a requerir de inversionistas o de presentar tu proyecto alguien para que se integre, ahí ya estás realizando una venta porque vas a tener que conversar y que vender tus ideas o vender tu producto, a esas personas que seguramente nada saben de ti y que tu eres un completo desconocido para ellos. Así que no le temas a las ventas, siempre has estado vendiendo, aunque no te hayas dado cuenta de ello.

Los negocios más exitosos son los que mejor venden

Y para vender bien hay que tener un buen producto, que tenga calidad, que el mercado lo quiera, pero también hay que saberlo vender. Me ha tocado conocer emprendedores que tienen un súper producto, pero están frustrados porque nunca supieron cómo venderlo y al final está en el escritorio como un pisapapeles o en la bodega porque ya nadie lo quiso.

Aquí tienes que comprometerte a leer libros de ventas, a juntarte con vendedores, a ver videos en internet que hablen de ventas, para que puedas fortalecer está competencia. No se trata tampoco de que te vuelvas un experto, pero como el dueño o generador de la idea vas a necesitar vender para poder llegar al éxito.

Arrímate a una buena sombra

Si tú no sabes vender o comercializar, también tienes que rodearte de personas que en su momento te vayan a ayudar o enseñar a comercializar eso, que quieres vender. Y esto es algo que debes tener en cuenta a lo largo, para que ellos siempre te puedan ayudar a ser mejor. Como dice el dicho *"el que a buen árbol se arrima buena sombra lo cobija"*, esto es algo que sucede también en las ventas, en la formación, con las relaciones que hay que tener.

Location, location, location

Algo que los americanos siempre ponen como principio a todo emprendedor, es que tienen que localizar muy bien dónde van a comercializar su producto, por cuál cadena de distribución o por que medio. Si no hay una localización que te favorezca, un lugar donde te pueda ver el mercado no vas a vender. Entonces, hay que marcar la localización como algo bien importante para que tú producto pueda llegar al mercado.

Siempre prepárate para vender mejor

Es fundamental que tu generes productos fáciles de comprar, porque si tu generas emprendimiento que pocas personas le entienden o que tiene un mercado muy pequeño, pues no vas a vender y sólo te vas a terminar tu dinero. Primero enfócate a desarrollar productos que sean viables, aunque no sean como todo lo que quieres, pero al menos así te va a ir entrando dinero. Porque sin dinero vas a tener muchos más obstáculos para llegar a la implementación exitosa de lo que buscas.

Busca al mejor de tu clase ¡Parécete a él y luego mejóralo!

Otro aspecto importante para fortalecer tus ventas, es que busques al mejor de tu clase y lo emules, lo imites, es decir, trates de parecerte a él, ¿Por qué él es tan bueno en las ventas? Y pregúntaselo, para que sepas qué hace, cómo se ha preparado, cuál ha sido su formación para que en este momento él sea el mejor en esta parte. Tenemos que estar aprendiendo siempre de todos, por eso voltea a ver a tus competidores, cómo están vendiendo, qué productos están entregando, porque entre más cantidad de información tú tengas previo a iniciar tu emprendimiento, va a facilitar tu camino.

Invierte en tener la mejor imagen

Si ya te vas a dedicar a emprender, a tener tu propio negocio, entonces no escatimes ni un peso en invertir en el diseño de la marca, en tu imagen personal, en donde vaya a estar el producto que sea un lugar donde sea vea agradable. Esto es algo que yo critico mucho en los emprendedores, que hacen lo mejor que pueden con lo que tienen, pero se gastan el dinero en otras cosas que en realidad no les va a permitir abrir ese mercado a ese posible comprador, ofrecen el producto de manera muy básica, que no es atractiva y al final por eso no les va bien.

Es muy importante que tomes en cuenta esto y vayas haciendo tu ahorro para que puedas invertir en tener la mejor imagen. A veces me preguntan: ¿Ana a poco la mejor imagen vende? ¡Por supuesto! Si tu vas a una librería, vas a ver muchos libros pero habrá uno que llame más tu atención y seguramente ese libro está diseñado para ese fin, con una mejor imagen que conecte con el comprador. Lo mismo ocurre con el producto o servicio que tu estás buscando comercializar.

Aprende a relacionarte bien con la gente que puede ayudarte

Vivimos en un mundo social, donde necesitamos de personas que nos puedan ayudar. Tú tienes que fortalecer mucho esta parte del *networking*, de aprenderte a relacionar; siempre ten a la mano tarjetas de presentación o los datos de personas que has conocido a lo largo de tu vida, porque en algún momento ellos también te pueden ayudar a vender o te pueden ayudar a llegar al mercado que tu buscas.

Aprende de los que lo han hecho bien antes que tú

Yo soy muy curiosa, y lo que yo hago es que cuando hay una expo de las que se ponen en los centros de convenciones en mi ciudad, yo voy sea de lo que sea, si es de bodas, de pastelería, de jardinería o de negocios. Porque yo lo que quiero es aprender a cómo venden, qué es lo que hacen en su ramo. Este consejo te lo doy y te invito a que seas curioso e inicies a aprender de diferentes sectores para que tu mente y tu contexto se amplíe y tengas mucha información muy valiosa al momento al que vayas a implementar lo que quieres para tu emprendimiento.

Historia de Éxito

La panadería de Lorenzo Servitje:

En la década de 1920, el pan apenas comenzaba a figurar en el comercio del país, proviniendo de Estados Unidos. A finales de esa década, Juan Servitje (papá de Lorenzo) fundó su propia pastelería denominada El Molino a partir de su experiencia laboral.

Lorenzo cursó sus estudios universitarios en la Universidad Nacional Autónoma de México (UNAM) donde se graduó como contador público. Durante ese tiempo, fungió como el responsable del área de ventas de El Molino, hasta convertirse en gerente. En su gestión, logró acrecentar el éxito de la compañía familiar, hasta convertirla en una de las más notables de la ciudad de México.

Lorenzo inauguró **Panificadora Bimbo** el 2 de diciembre de 1945. En sus inicios, la empresa contaba con 34 empleados y comercializaba cuatro tipos de productos. Con el transcurso del tiempo,

puso especial atención en la publicidad y la mercadotecnia de su empresa, produjo un programa radiofónico donde promocionaba los productos de Bimbo, además se crearon historietas protagonizadas por Osito Bimbo.

Años después de la fundación de Panificadora Bimbo, Lorenzo encabezó el Grupo Industrial Bimbo. Haciendo que Grupo Bimbo sea considerada como la panificadora más grande del mundo.

Claves de Empoderamiento Emprendedor

Quiero que te vayas con la idea de que *como te vendes te compran*, y te esfuerces por ser un buen vendedor. Esto para que puedas posicionar tu producto o servicio en el lugar que estás buscando, recuerda toda la vida hemos vendido así que no temas iniciarte al mundo de las ventas. ¡Vivimos en un mundo social! Que no se te olvide eso, hazte de todos los conocidos y contactos que puedas, nunca sabes cuándo te podrán ayudar.

Sigue por el camino del emprendimiento, te deseo la mejor de las suertes y ¡No te rindas!

SECCIÓN II

Bono Empoderamiento Emprendedor para Mujeres

CAPÍTULO I

Lo que las mujeres deben de hacer

"Es importante recordar que todos tenemos magia dentro de nosotros"

–J. K. Rowling, autora de la serie de libros Harry Potter y quien llegaría a ser la 3ª mujer más rica de Gran Bretaña

Si eres una mujer y estás decidida a leer este bono, ¡Felicidades! Me da mucho gusto que estés aquí y que me dejes compartir contigo esta Sección. Y si eres un hombre y lo estás leyendo ¡Bienvenido!

El objetivo de poder compartirte esto, , es ahorrarte tiempo. Que no te tome los mismos años que me tomó a mí lograr lo que quería y aún me faltan cosas por hacer. Lo que quiero es ayudar a que más mujeres y hombres emprendan, sin importar su edad.

No soy alguien que se considera feminista, pero sí soy alguien que cree que si un hombre puede tener una empresa y hacerse rico, de igual forma puede hacerlo una mujer. No se trata de empoderar a las mujeres para que aplastemos a los hombres, mi objetivo es ayudar a las mujeres que nos sintamos plenas, nos sintamos valoradas y podamos lograr cualquier cosa que nos propongamos.

Cómo debes de actuar

Es importante que consideres esto desde el momento que busques emprender, desde el inicio te la debes de creer, que te veas como una persona segura, que tiene **confianza en si misma**. Y para lograr esta realidad que queremos crear, tenemos que practicar mucho en desarrollar seguridad en nosotras mismas.

La mujer por toda la historia que ha pasado, se siente con miedos y tiene muchos mitos en relación a emprender, por eso es normal que al inicio te puedas sentir insegura. Yo quiero decirte cuál es la clave, la clave es que encuentres una mujer que te inspire, que te guste cómo se comporta, que leas sus biografías y te entusiasmes con su vida. Con eso tú puedes aprender de esa mujer, una vez que dominas esto, busca otras mujeres que puedan ser tu inspiración y que te ayuden a que te conviertas en esa mujer que quieres ser.

Una de las mujeres que me inspiran es Jacqueline Kennedy, me gusta mucho por su presencia, su elegancia, cómo sabía relacionarse con todas las personas que iba conociendo. También era una mujer que se fue preparando a lo largo de los años, esa fue mi primera inspiración, mi primer modelo a seguir de cómo yo quería actuar. Quería verme como una mujer inteligente, sobria, segura, que independientemente con quien estuviera yo pueda estar disfrutando. Te invito a que *busques esa inspiración* de mujer y que empieces a actuar como ella.

Cómo debes pensar

Tienes que identificar cómo estás pensando hoy, en relación al reto o emprendimiento que quieres hacer. Si te sientes con pensamientos inseguros, eso te va provocar ansiedad, te va provocar miedo y al final vas a ser inconsistente en tu emprendimiento y es muy probable que fracases.

Tú debes de tener en tu mente pensamientos positivos, pensamientos de éxito, pensamientos que te permitan convertirte en la nueva mujer que vas a ser. Todo lo que pensamos se convierte en emociones, luego las emociones se convierten en acciones y esas acciones en resultados. Si yo tengo en mi mente **pensamientos de éxito**, pensamientos de que puedo hacer cualquier cosa que me proponga, de que soy una mujer capaz, de que soy alguien que valgo y que puedo lograr cualquier cosa que me proponga; automáticamente mis emociones van a ser positivas, voy sentirme optimista, alegre y esto lo voy a transmitir, todo lo que yo transmita se va a proyectar y se va a convertir en resultados que me van a acercar muchísimo a lo que estoy buscando.

Por favor decide siempre qué es lo que quieres pensar, y si ahorita tienes miedo o no sabes cómo hacerlo, prepárate, esto tiene que ser una constante todos los días, tú tienes que ser tu propia auditora mental. Tienes que asegurarte de que siempre que inicies tu vida tienes pensamientos positivos para que esto te dé energía y optimismo y se vuelva en un motor importante, que te impulse y te ayude a lograr lo que buscas.

Cómo debe ser tu marca personal

Todas las personas mujeres y hombres, tienen una marca personal. Al igual que las empresas tienen un logotipo, la presencia que tienes como mujer tiene una marca y es ÚNICA, es diferente a la de otras mujeres. Mi marca personal tiene que ver con que soy sobria, soy sencilla, soy simple, soy determinada, soy apasionada, ésa es mi marca personal y eso es lo que yo le inyecto a mi vida y es lo que transmito con todas las personas con las que yo me relaciono.

El que tu identifiques qué marca personal tienes y la empieces a potencializar, sin duda va a hacer que tu proyectes una personalidad amable y amigables porque estás siendo congruente y no estás buscando ser una persona que no eres. Lo que tienes que hacer todos los días es abrazar esa marca personal y creerte que eres esa persona, porque si finalmente tu estás reconociendo esas características como puede ser la honestidad, el que eres alguien que lucha, alguien apasionada, alguien muy determinada o las características que tú identifiques en ti como mujer, al final son tuyas y lo que tienes que hacer es fortalecerlas y eso será el principal impulso que te ayude a transmitir lo mejor de ti con cada persona con la que tu te encuentres.

Cómo debes sonar y verte

Algo importante en esta carrera del emprendimiento es que tú debes de tener una personalidad agradable para que otros puedan ayudarte, entonces tienes que trabajar muchísimo con tu imagen personal, con que te sientas cómoda, que al hablar no te sientas falsa, que puedas decir ¡Ésta soy yo! ¡Así me gusta ser! Debes definir cómo debes sonar, cómo quieres que sea tu imagen, tu ropa, tu arreglo porque al final todo esto te va a dar una seguridad increíble.

Cómo debes responder

Seguramente en el camino te vas a encontrar con personas que te digan porque eres mujer no puedes salir adelante, que ya lo has intentado tantas veces y ahí vas otra vez, que para que tiras el dinero, que esto y lo otro. La realidad es que tú tienes que ensayar desde antes cómo vas a responder ante estos tipos de comentarios. A estas personas no las veas como que te quieren hacer daño o como que quieren aplastarte, simplemente déjalos a que ellos aprendan que lo que están haciendo está mal. Lo único que tú tienes que

Empoderamiento Emprendedor

hacer en estas situaciones es no engancharte y responder tranquila.

No trates de convencer o evangelizar de lo que tú estás haciendo es lo correcto, ellos tienen su punto de vista y su perspectiva y tú tienes la tuya. Aquí lo importante de esto es que tú estés preparada y ensayes, porque te vas a encontrar con muchas personas, hombres y mujeres a lo largo de este camino de lograr tu negocio o la empresa que quieres. Al final tú tienes que tener un estilo de cómo responder con elegancia, segura, sin ofender, ni dejar que la emoción te gane.

Trabaja mucho en estos puntos que te acabó de compartir para que puedas tener esa certeza y esa seguridad. Anthony Robbins es un autor que yo leo mucho y te recomiendo que leas, él dice que la seguridad en uno mismo es como un músculo y si queremos que el músculo se ponga duro, pues habrá que trabajarlo bastante; lo mismo con a seguridad en nosotras mismas, tenemos que estar practicando el sentirme segura.

Yo te soy honesta no es un camino fácil, al inicio te puedes sentir insegura, puede que te tiemble la voz. En mi caso yo me ponía muy roja porque sentía que me estaba arriesgando o que estaba haciendo cosas que no se esperaban de mí, sin embargo logré dominar esa emoción y cada vez que lo hacia me ponía menos roja, me temblaba menos la voz y me sentía más segura. Tú identifica qué es lo que pasa en tu cuerpo, qué es lo que sientes cuando estás atreviéndote a hacer las cosas.

Ve practicando, ponte en más situaciones como ésa, para que continuamente se esté trabajando ese músculo llamado seguridad en ti misma y se desactive todas esas cosas negativas, que de repente nos hacen regresar a nuestra zona de confort. Por favor asume la responsabilidad de tu vida, trabaja en ti, en todas tus tareas y con la información que este libro tiene para ti, para que llegues al éxito del emprendimiento.

Historia de Éxito

La magia de Rowling

Fue rechazada en Oxford y estudió en Exeter, donde se graduó en francés y clásicas. Trabajó como secretaria y profesora de inglés. En un viaje en tren entre Manchester y Londres que se prolongó durante cuatro horas más por avería de la máquina, sirvió para crear Harry Potter, aprendiz del pupilo de Merlín. Se terminó de materializar en 1995 desde una mesita del café Nicholson de Edimburgo.

Los editores rechazan el original hasta en nueve ocasiones. De hecho, la convencen además para que firme con sus iniciales por que consideraban que los niños no comprarían **un libro escrito por una mujer**. Añadió la K. en honor a su abuela paterna, Kathleen.

No se hizo ningún intento de promocionar el libro e imprimió sólo un reducido número de ejemplares. Más adelante consiguió incluir su obra infantil en la lista de las más vendidas de The New York Times, un hecho sin precedentes.

Antes de publicar pasó por graves estrecheces económicas, pero se convirtió en **la tercera mujer más rica del Reino Unido**. Los elogios de la crítica, la convirtieron en un nuevo clásico.

En 2000 le fue otorgada la Orden del Imperio Británico, como oficial. Ha recibido títulos honoríficos de la Universidad de St. Andrews, la Universidad de Edimburgo, la Universidad Napier y la Universidad de

Aberdeen. En el año 2003, **se convirtió en la primera escritora** en recibir el Premio Príncipe de Asturias de la Concordia.

Claves de Empoderamiento Emprendedor

¿Qué es lo que tienes que hacer como mujer? Recuerda centrarte en cómo debes actuar, pensar, sonar, verte y responder, también trabaja en tu marca personal. Conforme vayas ganando seguridad en ti misma, vas a ir transmitiendo esa imagen a los demás. Poniéndote a prueba es la mejor manera de ir adquiriendo seguridad y controlando tus emociones negativas.

Nunca compres la idea que por ser mujer no puedes hacer las cosas que estás pensando hacer. ¡Como mujer puedes hacer cualquier cosa que te propongas! Porque eres capaz y puedes hacerlo.

CAPÍTULO II

Errores comunes de la mujer emprendedora

"En la vida no hay cosas que temer sólo hay cosas que comprender"

–Marie Curie, científica franco-polaca fue la primer persona en recibir dos Premios Nobel.

En este capítulo quiero compartirte los errores más comunes que podemos cometer como mujeres emprendedoras. Si uno o más de éstos ya te ha sucedido, no te preocupes al contrario ocúpate en solucionarlos.

La mujer, por todo lo que le ha tocado vivir a lo largo de la historia, se le han colgado muchos mitos falsos luego nos ponen a hacer cosas que no deberíamos estar haciendo y al final éstos son errores que nos atrasan u obstaculizan a que lleguemos al éxito de nuestro emprendimiento.

En estos errores que te voy a compartir, si identificas que tienes alguno o eres "fan" de alguno de ellos, trates de evitarlos porque al final se va hacer un obstáculo que no te va a permitir avanzar.

Tomarse las cosas personalmente

Esto le sucede a todas las personas, pero en especial a las mujeres. En ocasiones hay comentarios, sobretodo de hombres, luego los tomamos muy personales eso hace que nos enfademos, que activemos nuestro enojo e ira y queremos "desquitarnos" o vengarnos y hasta usamos frases como: "¡Vas a ver! Te voy a demostrar que te equivocas".

Ahí es cuando nos tomamos las cosas personales, tenemos que entrenarnos y trabajar mucho a solamente *oír* ese tipo de cosas y no a escucharlas; porque cuando escuchamos esa clase de comentarios comienza el proceso de tomárnoslas personalmente.

Cuando encuentres con estas personas, que te quieran minimizar, que quieran aplastar tu autoestima, que te quieran pisotear para que ya no sigas adelante, nada más oye esos comentarios, no te enganches e intenta salir del lugar en donde te encuentras.

No demuestres una molestia, ve desactivando esa parte de reaccionar, no te lo tomes personal. El tomarse personal las cosas en tu vida, va hacer que te enfermes de coraje, te vas a enganchar y ya no vas a poder avanzar.

Durante muchos años yo me tomaba las cosas muy personales porque me topaba con hombres que le hacían más caso a mi socio (y esposo), sin tomarme en cuenta a mí eso me molestaba mucho me lo tomaba muy personal, y lo que yo me decía a mi misma: "Te voy a demostrar, que yo soy capaz y que no son las cosas como tú dices". Lo positivo que saqué en ese momento fue que me preparé muchísimo, aprendí muchas cosas, pero lo estaba haciendo por el camino erróneo porque no lo hacía por mí, lo hacía para demostrarle a todas esas personas que decían que no era capaz. Entonces hace algunos años yo acuñe esta frase que dice: **"no desgastes tu vida demostrando lo que eres capaz de hacer, sino simplemente vive tu vida haciendo lo que eres capaz de hacer"**.

En el momento en que yo deje de demostrarle a los demás de qué era capaz, empecé a hacerlo por mí y ahí fue cuando en realidad comencé a avanzar. Disfruta tu vida haciendo lo que quieras hacer, sin hacerlo por demostrarle a los demás, DEMUESTRATE A TI de lo que eres capaz.

Hacer el trabajo de otros

De repente a las mujeres nos gusta tomar responsabilidades que no son nuestras y eso obstaculiza que no tengamos tiempo para enfocarnos a ese emprendimiento o negocio que tengo en mente. Aprende a decir que NO, si no es un trabajo que te corresponda ¡No lo hagas!, simplemente di la verdad: que no te corresponde o que no puedes ayudar en ese momento, o si quieres ser *buena onda* puedes decir que al final del día o en otro momento le puedes ayudar.

Pero ten muy en claro dónde estás invirtiendo tu tiempo. Si tú te desenfocas de tu emprendimiento, solamente vas a alargar el tiempo para que eso suceda.

Quedarse más tarde que los hombres

A veces hacemos esto sólo para demostrar nuestro potencial y que somos capaces. Pero como ya te lo dije, no tienes nada que demostrar. Todos tenemos una jornada laboral y no tienes porqué quedarte más tiempo, tú tienes una vida, ese tiempo que te quede úsalo de otra manera: puedes hacer ejercicio, puedes invertir ese tiempo en actividades de recreación, puedes aprovecharlo de otra manera.

No uses tu tiempo libre en seguir trabajando, cumple tu jornada, cuídate e invierte en tu persona.

Trabajar sin darte descansos

Nos queremos creer la "mujer maravilla", luego lo que queremos hacer es trabajar sin descansar y hasta decimos: "Sí yo puedo seguirle". Yo tenía una frase, que afortunadamente ya la cambié porque estaba muy mala, decía "No me he cansado porque soy como un burro de carga, yo no me canso". Hasta que entendí que no soy un burro, soy una persona y como todo ser humano me puedo cansar.

Cuando entendí que no tenía que trabajar como máquina, empecé a hacer mis descansos y con eso cambié ciertos hábitos para no tener jornadas exhaustivas de trabajo. Tenemos la misma capacidad de un hombre, pero no tenemos porqué excedernos, tu cuerpo también necesita descanso.

Ser ingenua y asumir que las inversiones se hacen de cierta manera

Estos son dos errores muy comunes y están muy ligados, la parte de ser ingenua te puede traer muchas consecuencias y la parte de asumir que las inversiones se hacen de cierta manera. Digo que estos van ligados porque la mujer por naturaleza es más confiada que el hombre en los aspectos de negocios, y en ocasiones la mujer piensa que todo el mundo es bueno, que todo el mundo te va a ayudar y la realidad es que no.

Tienes que asesorarte y prepararte, ya conforme vas avanzando en el emprendimiento o negocio, tienes que tener una madurez en cuanto a lo legal y al manejo de ciertos asunto, porque si tú eres ingenua y piensas que vas a poder hacer el negocio de cierta manera sin asesoría, vas a tener muchísimos dolores de cabeza y problemas.

El caso de una amiga mía, que cuando empezaron a salir en Europa unas zapatillitas que se doblaban y no tenían tacón, y al principio eran utilizadas para las bodas, para que cuando ya te cansabas te quitaras los tacones y estuvieras más cómoda; ellas se las trajo e inició a hacer todo el protocolo de desarrollo, le quedaron muy bonitas, hasta les puso un moñito. Un día se reunió con un empresario con quien se iba a asociar, pero por la falta de asesoramiento y de conocimiento, no pudo evitar que este desgraciado le robara toda la idea, el protocolo, ¡Todo! Y al ser un empresario con dinero para la inversión y con años de experiencia en esto, se robó todo el negocio.

Esta parte de no ser ingenua, no es lo mismo a que te diga que no seas tonta, sino lo que quiero decir es que te prepares porque por naturaleza confiamos y pensamos que si yo no hago eso nadie más es capaz de hacerlo; pero la realidad es que sí hay personas que lo hacen.

Esperar a recibir lo que crees que mereces

Algunas mujeres crecimos con la idea de la princesa y el príncipe azul y el castillo y todas esas cosas de fantasía, esto formó en nuestra mente y nuestro subconsciente, la idea de que alguien va a llegar a salvarnos, y que como mujer me tienen que cuidar y me merezco muchas cosas, pero la realidad es que... NO. En esto estamos en la misma posición que el hombre y tenemos que trabajar y NO NOS MERECEMOS NADA, TENEMOS QUE TRABAJAR PARA GANÁRNOSLO.

No esperes que otros te resuelvan la vida o que la gente se vaya a ofrecer a ayudarte porque eres una madre soltera que quiere sobresalir. Tú te tienes que ocupar con responsabilidad de tu vida y no esperes a que otros hagan lo que tú no has hecho por ti.

Proteger idiotas

La mujer tiende a proteger idiotas, a qué me refiero, cuando descubre ciertas cosas que se están haciendo mal y para evitarse problemas no levanta la voz o no dice lo que está pasando. Este es un ambiente competitivo y si de repente te encuentras con este tipo de personas los tienes que sacar de tu empresa, tu equipo, tu emprendimiento ¡No los protejas! Si no los sacas va a llegar un momento en el que te van a dañar.

Amárrate la lengua

Un error muy común que cometemos, es que no pensamos lo que decimos y dejamos que nos gane el enojo o el impulso lo que provoca que digamos cosas que no queríamos decir. Entonces, debemos aprender a amarrarnos la lengua, a saber cuando sí decir las cosas y cuando no. Aquí no hay ningún tip, aquí conforme vas avanzando en tu vida te vas dando cuenta de que a veces la regaste. Cuando estás en ese nivel de conciencia que puedes identificar que te equivocaste, *aprendes* y cada vez harás mejor esa parte.

Yo te invito a que si no quieres decir algo, porque piensas que vas a dañar a la persona o no es algo que la vaya ayudar o es algo que hará que te estime menos cuando se lo digas, mejor no abras la boca, amárrate la lengua y listo.

No hacer buenas relaciones

La mujer no está tan acostumbrada a andar en clubs, en conferencias o preparándose para dar una, entonces no está acostumbrada a hacer buenas relaciones. El no hacer buenas relaciones, es un pésimo error porque conforme vas avanzando en tu proyecto, vas a ir necesitando de personas, de contactos, de una red de trabajo que te ayude y te impulse, eso tiene que hacerte consciente de que siempre tienes que estar conociendo gente.

Haz tus tarjetas de presentación, aún cuando no tengas nombre de tu empresa, donde venga tu nombre, tu teléfono, tus datos de contacto, y pide tarjetas a todas las personas con las que te encuentres. Ve haciendo tu carpeta o tu directorio, un tip que yo te recomiendo en esta parte de hacer relaciones, y es que al reverso de cada tarjeta que recibas, tú le pongas quién te lo presento, dónde lo conociste, y demás detalles, para que siempre tengas algo que asociar con esa persona.

Parecer la jefa

Es un error muy común, es cuando ya estás en un puesto alto y comienzas a tratar a la gente, compañeros de trabajo de maneras que no son agradables. Si hoy estás en una buena posición, por lo que hayas hecho, no tienes porque tratar mal a las personas, siempre las tienes que respetar y verlas como iguales.

No comprender a fondo las necesidades

Éste es otro punto a tratar, de repente la mujer es más impulsiva que el hombre, tiene menos miedo en la parte de emprender y muchas veces lo hace con pocos datos. Se lanza a hacer un proyecto, un producto, un servicio, sin conocer las necesidades del mercado. Te recomiendo que desde el principio dediques tiempo, por lo menos dos veces al año, de revisar competidores, de ir a sus establecimientos, de meterte a su página web, para tener información fresca que te permita ir teniendo un producto que cumpla y exceda las expectativas de ese mercado al que quieres ingresar.

Hablar de más para explicar algo

De repente nos encanta el "periquito", entonces nos gusta darle vueltas al asunto para explicar algo. Empieza por practicar el ser puntual, el ir directo, evitar decir mucha información que no tiene sentido, esto solamente lo vas a lograr con la práctica.

Algo que a mí me ayuda mucho es anotar, en una libretita que siempre cargo en mi bolsa, lo que voy a tratar para ir directo al grano y no hacer perder el tiempo de la persona que me va a recibir ni tampoco el mío. Si llevas las cosas en papel y preparas de lo que vas a hablar, vas a ser muy objetiva en tus conversaciones. Esto aplica a todo: juntas, llamadas telefónicas, un café, etc., el punto es que siempre haya preparación para evitar estar hablando de más o estar dando explicaciones que ni nos están pidiendo.

Actuar como hombre

Esto no ocurre en muchas mujeres, pero si lo he observado en algunas. Buscan imponer, inclusive ni quieren usar falda y tienen un arreglo más masculino; no las juzgo porque a lo mejor tuvieron una vida que las llevó a comportarse de esta manera. Lo que quiero decir es que tu estés consciente de cuál es tu marca personal, cómo te quieres comportar y cómo quieres que la gente que te va conociendo te recuerde. También aplica si hoy tú estás actuando como hombre, haz un alto y ve cómo te estás comportando para que puedas hacer los ajustes que creas convenientes, para que tengas un comportamiento más agradable conectado con tu esencia de mujer.

Alimentar a otros

En ocasiones nos gusta ser muy sobreprotectoras y buscamos ayudar a todo el mundo y luego a nosotras nadie nos ayuda. Tú tienes que decidir a quién ayudar, en dónde invertir tu tiempo y esfuerzo. NO HAGAS EL TRABAJO DE OTROS, ni andes solucionándole la vida a todo el mundo. A mí me gusta decir que "no te cuelgues changos que no te corresponden" y esto incluye el hacer cosas o actividades que no te corresponden o están fuera de tu proyecto.

Ser financieramente insegura

Tú tienes que tener un colchón, un tanque de oxigeno. Muchas veces los hombres y mujeres fracasan en sus emprendimientos porque no ahorraron, ni tienen la esta parte de sentir seguridad. Yo recomiendo que si vas a emprender o mientras trabajas, vayas destinando una parte al a ahorro, para que una vez que decidas iniciar tu proyecto tengas ese colchoncito que te permita sentir y tener seguridad, que eso te permita tener más meses de seguridad, sobrevivencia y tranquilidad al momento de arrancar con tu proyecto.

Ver a los hombres en autoridad, como tu "figura paterna"

Y regresando a la parte fantasiosa del príncipe azul, algunas mujeres se confunden y ven a los hombres con una autoridad de *figura paterna*. Esta parte de la figura paterna la tenemos que separar (si necesitas ayuda psicológica adelante), porque tú no tienes que buscar "papás" en otras personas como tu jefe o tu esposo. Tú ERES AUTÓNOMA y tienes que trabajar por ti misma.

Dejar que otros te roben el tiempo

Tienes que aprender a decir que no, decirle no a las situaciones que te roben el enfoque de tu proyecto o la tarea que estés dedicando en ese momento.

Callar tus ideas

Es fundamental trabajar en esto. Tú como mujer tienes otro punto de vista, tienes otra perspectiva y si estas trabajando en un equipo de trabajo tu idea puede ser muy valiosa . No calles tus ideas, si te equivocas te lo van a decir y ya no pasa nada porque somos seres humanos.

Éstos son algunos de los errores más comunes, yo te invito a que anotes en tu libreta tus errores más comunes que tú tienes como mujer, puede que sean éstos o sean otros, lo importante es identificarlos y que les pongas una acción para empezar a trabajarlos.

Historia de Éxito

El negocio de Mary Kay Ash

Mary descubrió sus talentos empresariales por accidente. Alrededor del año 1930, una vendedora de enciclopedias llegó a un acuerdo con Mary: si ella podía vender 10 juegos de enciclopedias, la mujer le daría uno gratuito. Mary accedió y vendió los 10 juegos en un día y medio. Esta fue una hazaña asombrosa porque eran productos costosos.

Desafortunadamente también obtuvo la ira de muchas de sus amigas que la acusaban de vender un producto que realmente no necesitaban. **Tomándose estas acusaciones a pecho**, Mary buscó un producto más útil para vender. Fue entonces cuando entró a una empresa de venta directa que ofrecía artículos para el hogar y de limpieza.

En 1952 se fue a la companía World Gift Co. y en menos de 10 años formó parte de la junta de directores. Pero sus sugerencias casi siempre eran rechazadas por los hombres con el comentario de: "Ay Mary Kay, **estás pensando como una mujer**". Finalmente en 1962 renunció debido a estas molestias.

Mary escribió una guía en la que les decía a las mujeres cómo evitar las caídas que ella había enfrentado en el mundo corporativo dominado por los hombres. Después de ver esta guía se dio cuenta que **esto no debería ser un sueño**, sino que tenía que iniciar su propia empresa.

A pesar de diversas dificultades, Mary Kay Cosmetics abrió el 13 de septiembre de 1963. Desde sus inicios, **su método de ventas fue**

único. Siempre mantenía la motivación en sus "consultoras" y las recompensaba con grandes incentivos. A la fecha hay más de 500 mil consultoras independientes en 29 países generando más de iDos mil millones de dólares por año!

Claves de Empoderamiento Emprendedor

Aquí hay algunos errores comunes de las mujeres emprendedoras, puede que tengas ésos o tengas otros, pero lo importante es que los identifiques y por favor ¡Trabájalos! No eres ni más ni menos que los hombres, entonces todo el camino al éxito queda en las ganas, la disciplina y tu potencial que como persona le pongas a tu trabajo o proyecto.

Sigue adelante y no dejes que actitudes negativas te afecten, ¡Puedes lograr lo que te propongas! Ten el *coraje* de hacer lo que te propones.

CAPÍTULO III

Hábitos de las Mujeres Emprendedoras

"Haz lo que funcione para ti, porque siempre habrá alguien que piense diferente"

–Michelle Obama, abogada estadounidense y la Primera Dama afroamericana de EUA.

En este último capítulo del bono para Mujeres Emprendedoras quiero compartirte un poco sobre los hábitos que debemos tener en nuestra vida. Si todavía no los tienes te voy a pedir que los empieces a practicar para que se conviertan en hábitos.

Estos hábitos no son tanto de estar haciendo cosas, sino de estar pensando. Son pensamientos que debemos estar teniendo siempre en mente y trabajándolos para que se conviertan en hábitos y en creencias.

El hábito de creen en ti misma

A este hábito lo considero el fundamental, tu no debes de tener dudas, todos los días tienes que recordarte el valor que tienes como mujer, de reconocer lo que has logrado y estar en la realidad de que puedes lograr muchas cosas más porque eres una mujer *capaz*.

Todos los días de tu vida tienes que recordarte "¡Yo sé que puedo hacerlo!", "¡Sé que lo haré!", "¡Soy una mujer capaz!". Esta parte de pensar y reforzar estas afirmaciones, van a terminar por hacerse realidad, y harán el hábito de que todos los días de tu vida creas en ti misma.

El hábito de enfocarte en tus fortalezas

Desarrolla el hábito de no degradarte a ti misma como mujer, de no denigrar la capacidad que tienes. Muchas veces estamos acostumbrados a conocer todo lo malo o negativo que tenemos en la vida, pero no estamos enfocados en agradecer y reconocer todo lo positivo y todo lo bueno que somos para hacer ciertas cosas. El punto de este hábito es que estés trabajando en reconocer cuáles son tus fortalezas.

En el Capítulo VII, te comentaba que hicieras una tarjeta en donde pusieras las fortalezas que hoy hacen a la mujer que eres. Por ejemplo una de las fortalezas que yo me reconozco y me enorgullece mucho es: que soy una mujer muy perseverante, no me doy por vencida y siempre sigo intentándolo; al yo reconocer esto se vuelve mi mayor motor y detonante que me va impulsar a no detenerme. Eso es en mi caso, pero en tu caso cuáles son las fortalezas que tienes y que te vas a estar recordando todos los días, para no dejarte caer ni que dudes en ti.

El hábito de la autodisciplina

Es algo que mucha gente no le gusta, pero también es esto lo que *determina el éxito o fracaso en la vida y en los negocios.* Yo hace muchos años aprendí que la autodisciplina es hacer lo que tengo que hacer, cuando lo tengo que hacer e independientemente si tengo ganas o no de hacerlo.

Es bien sencillo, vamos a poner el ejemplo del ejercicio, si tu quieres tener el hábito del ejercicio, debes de tener la autodisciplina de todos los días hacer el ejercicio a la hora que hayas acordado, independientemente si tienes ganas o no de hacerlo. Sólo son unos cuantos días que tienes que estar firme y ser fuerte en hacerlo, sin dejarte vencer para que al final consigas este hábito. Esto mismo es para el tiempo que tú le vas a dedicar a tu emprendimiento o negocio, tienes que tener la autodisciplina de dedicar unas horas de tu día a ese proyecto, a ese emprendimiento que tienes en mente.

Tienes que tener la autodisciplina y una voluntad firme en no desviarte, ni postergar lo que tienes que hacer. Es por eso que la autodisciplina es un hábito que te va a servir muchísimo, no sólo en tu negocio sino en tu vida entera, porque es la llave para mantener esa certeza en lo que tienes que hacer.

El hábito de la actitud mental positiva

Siempre sé una mujer positiva, sin importar que estés enferma y de que ya te hayan pasado ciertas situaciones, no debes de dejar que eso te atormente o que merme tu potencial. Tú eres tu *propia auditora* y tú tienes que asegúrate que la mayor parte de tu día y de tu vida tengas esa actitud mental positiva. La actitud mental positiva es un imán, si tenemos esa actitud vamos a poder ver las oportunidades que están ahí para nosotras; por otro lado si tenemos una actitud mental negativa vamos a estar pesimistas, negativas y angustiadas y no vamos a poder ver las oportunidades que están para nosotras, y luego seguramente alguien más las va a tomar.

Así que asegúrate de siempre hablar en positivo, de siempre pensar en positivo. Si de repente tienes una racha que te pone medio negativa ponte a leer cosas que te motiven, ve algún video que te levante el ánimo, ponte a hacer ejercicio o ponte a hacer algo que disfrutes y que ames para cambiar ese estado de ánimo.

El hábito de rodearte de gente inteligente

Este hábito puede que nos cueste mucho trabajo, porque de repente nos sentimos inseguras y más si no tenemos alguna preparación académica. Puede que sintamos que no sabremos de qué hablar y nos sintamos incapaces, pero aquí el punto es que te rodees de gente más inteligente que tú para que puedas avanzar en tu vida.

Lo único que tienes que hacer para que esto se vuelva un hábito es platicar con todas las personas que te encuentres, si ves a alguien, hombre o mujer, que esté destacando en un campo que te interese, acércate a preguntar, pídele que te dé un rato para platicar, invítale un café o la comida, pero la meta es que siempre estés ocupada de conocer a personas más inteligentes y positivas, esto te ayudará muchísimo.

El hábito de dominar tu agenda

Yo me considero una experta en esto, yo tengo como doce o catorce años de manejar una misma marca de agenda, y esto te disciplina a siempre programar tu día, a priorizar tus actividades, a saber qué es lo importante, a identificar qué son las cosas más importantes que tienes que hacer en esa semana.

El dominio en una agenda te va a llevar al éxito, porque te va permitir negar hacer ciertas actividades que no estén dentro de tu agenda, te va a ayudar con tu autodisciplina para hacer las cosas que tienes que hacer en el tiempo que tú hayas asignado. Si tú no respetas tu tiempo nadie más lo va a hacer por ti. Y como dice la frase el tiempo y el amor son cosas que no podemos volver a recuperar en la vida, porque se van y no vuelven jamás.

El hábito de brincar constantemente tu sombra

Esto es de un amigo al que quiero mucho, que se llama Alfredo Porras, él me lo enseñó hace diez años. Él siempre me decía ¿Ana, qué vas a hacer hoy para brincar tu sombra? Eso de brincar tu sombra, es hacer cosas diferentes, cosas que te muevan de tu zona de confort, cosas que te hagan sentir mariposas en el estómago, que sean cosas que no dominas.

Así que constantemente brinca tu sombra, en la vida y en todo, a probar cosas nuevas, a ir a reuniones diferentes, a leer un libro que no habías tocado en mucho tiempo, a ir a pedir una cita, a investigar alguna cámara en relación a tu negocio de cómo te pueden ayudar. El brincar tu sombra aplica para cualquier situación en tu vida y más en este momento que quieres emprender algo.

El hábito de enfocarte en las soluciones

Tú siempre tienes que ser más grande que el problema. Algo que podemos ver en los problemas es que siempre tienen un nivel de criticidad, cuando yo tengo un problema lo evalúo en una escala del 1 al 10, una vez que le doy una calificación al problema yo tengo que ponerle una calificación a mi actitud, es decir, si tengo un gran problema de nivel número 10, ¡Yo tengo que tener una actitud de nivel número 10! Una actitud súper positiva, que me permita salir de esa situación.

Apréndete esto y aplícalo de por vida: TIENES QUE SER MÁS GRANDE QUE EL PROBLEMA, para solucionarlo con la actitud correcta.

El hábito de cuidar tu salud

Una personalidad agradable es algo que vende y nos ayuda a relacionarnos con personas diferentes porque te ven agradable. Entonces tienes que invertir tiempo a hacer ejercicio, alimentarte correctamente, a cuidarte, porque la salud es una de las mayores riquezas y si no la cuidamos ahorita, cuando lleguemos a nuestros años maravillosos, todo lo trabajado en nuestra vida se va a ir en pagar nuestras enfermedades y al final no vas a estar sana ni disfrutar todo lo que has hecho.

Disciplínate en cuidar tu salud, comprométete con ella, recuerda que el cuerpo es nuestro vehículo, la mente y el espíritu tampoco van a estar bien si nuestro cuerpo no esta bien, no vamos a poder trabajar de una manera clara y enfocada que es como queremos. ¡Cuida tu salud y tu vida!

Para finalizar quiero decirte que para cambiar nuestra vida necesitamos cambiar nuestros hábitos, y espero tomes estos hábitos que te ayudarán a cambiar tu vida. Si implementas estos hábitos verás cómo tu vida va a cambiar de manera positiva.

Historia de Éxito

México, Tecnologías de la Información y Blanca Treviño de la Vega.

Blanca Avelina Treviño de Vega, es el rostro de la principal industria tecnológica mexicana. Gracias a Softtek, México irrumpió en la escena global de servicios de Tecnologías de la Información (TI), un mercado que a nivel global alcanzará un valor de 292,000 millones de dólares en 2013.

Es la **mujer que encabeza a la principal empresa mexicana de tecnología**: Softtek, que dispone de casi 9,000 empleados y 30 oficinas en América Latina, Europa y Asia.

Softtek se fundó en 1982 como una pequeña empresa de tecnologías de la información, desde el inicio tuvo un largo alcance desarrollando software personalizado a la medida de sus clientes. Sacando provecho del Tratado de Libre Comercio de América del Norte, en 1994 se extendieron al vecino del norte y a Canadá.

En 1997 la empresa introdujo el modelo "nearshore", siendo el primero de su tipo en Latinoamérica. En Agosto del 2007, la compañía adquirió en China terreno y desde entonces ha extendido sus servicios al mercado asiático.

Claves de Empoderamiento Emprendedor

Estos hábitos son cosas que tienes que cambiar en tu manera de pensar, ayudarán a que tengas una actitud más positiva y te impulsarán a conseguir todo lo que tienes en mente para ese proyecto emprendedor.

No te detengas, ponlos en práctica y con un poco de constancia veras que los estarás haciendo sin darte cuenta. ¡Mucho éxito en todo lo que hagas!

¡GRACIAS!

Queremos agradecerte enormemente por haber comprado este libro y además felicitarte por haberlo terminado de leer, eres del 1% que tiene la oportunidad de tomar y lograr más éxito.

También queremos darte algunas recomendaciones finales que te ayudarán a conseguir lo que deseas en un menor tiempo y con mejores resultados:

- **No regales este libro:** Mejor compra otro y regálalo con una dedicatoria especial para aquella persona, verás que esto le hará el día y además te permitirá volver a leer este libro una y otra vez para que vayas teniendo nuevos aprendizajes, pues cada vez que lo leas estarás preparado para recibir cierta información.

- **Pon en práctica de inmediato** lo aprendido: No dejes pasar ni un instante para empezar a practicar, olvídate de la pena (la pena para nada sirve y para todo estorba) y comienza a tener excelentes resultados, y

- **Visita, suscríbete y comparte nuestros Videos de YouTube:** hemos creado una enorme cantidad de videos gratuitos para que puedas ir perfeccionando tus habilidades de venta, ¡no dejes pasar esta oportunidad, búscanos en IGNIUSTV.

Estamos al pendiente y para apoyarte en el perfeccionamiento de tus técnicas de ventas, escríbenos a: info@ignius.com.mx

¡Todo el Éxito!

Ana María Godínez y Gustavo Hernández

Solicitud de Información

Por favor envíenme información acerca de: Próximos talleres y eventos, Adquisición de libros, Servicios especializados de asesoría.

Nombre: _____

Compañía: _____

Teléfono:_____ (_____)

Dirección:_____

Ciudad:_____ Estado:_____

C.P:_____ País:_____

Para recibir la información señalada, favor de enviar este Email a: info@ignius.com.mx o llámanos al teléfono +52 (477) 773-0005.

www.ingramcontent.com/pod-product-compliance
Lightning Source LLC
Chambersburg PA
CBHW060029210326
41520CB00009B/1061